지금 나에게
힘이 되는 말

힘들 때마다
용기를 주는
지혜의 말

① 도전 편

# 지금 나에게

# 힘이 되는 말

동양고전 슬기바다 연구팀

홍익출판 미디어그룹

동양고전은 우리 삶의 다양한 면면을 압축해서 보여주는 사진첩과도 같습니다. 거기에 많은 사람들의 실패와 성공이 있고, 도전과 좌절의 이야기도 있습니다. 그렇기에 동양고전에는 삶의 지혜를 주는 가르침이 있고 새로운 삶을 꿈꿀 수 있는 발판도 있습니다.

동양고전에서 가려 뽑은 지혜의 말을 담은 이 책을 통해 독자 여러분은 고전이라는 거울에 자신의 삶을 비춰보며 내일을 위해 마음을 다지는 시간을 가질 수 있을 것입니다.

고전 속의 고사성어를 뽑아 출전과 역사적 배경, 동의어 등을 자세히 설명하여 누구라도 쉽게 그 의미를 알 수 있도록 구성한 이 책은, 단순히 위대한 인물들이 남긴 말이나 행적만이 아니라 보통사람들의 평범한 일상에서 배워야 할 점도 자세히 소개하고 있어 독자 여러분에게 친근하게 다가갈 것입니다.

우리가 역사를 공부하는 이유는 천둥이 치고 벼락이 떨어지는 광경을 보고도 그대로 그 길을 따라가는 어리석음을 저지르지 않기 위해서입니다. 그런 의미에서 이 책은 수백 권의 인문서나 자기계발서와 맞먹는 깨달음의 무게로 독자들에게 다가갈 것입니다.

당신이 지금 삶의 목표를 상실한 아픔에 시달리고 있다면, 옛사람들의 이야기에서 삶을 따뜻하게 어루만지는 손길을 만나게 될 것이다. 동양고전의 지혜를 통해 당신이 잃어버린 것들을 찾을 수 있기를 기대합니다.

# 제1장

# 인仁,

## 네게서 나간 것이
## 네게로 돌아온다

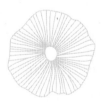

# 출호이반호이
## 出乎爾反乎爾

出 날 출
乎 어조사 호
爾 너 이
反 돌이킬 반

나로부터 나간 것이 나에게로 되돌아온다는 뜻. 길흉화복은 모두 나 자신으로 부터 나온다는 밀.

## 네게서 나간 것은 네게로 돌아온다

초나라 목공이 노나라와 전쟁을 벌였는데, 장수나 고급관리들이 수십 명이나 죽었음에도 백성들은 죽은 자가 하나도 없었다. 백성들이 싸울 생각을 하지 않고 가만히 처다보고만 있었던 것이다. 목공이 맹자에게 말했다. "수수방관한 백성들을 처벌하자니 너무 많고, 그냥 두자니 용서할 수 없으니 어찌 하면 좋습니까?"

이에 맹자가 대답했다. "지난번 흉년이 들었을 때, 노약자들이 수없이 굶어죽고 젊은이들은 살 길을 찾아 사방으로 흩어졌습니다. 그때 임금의 창고에는 곡식과 재물이 가득했음에도 백성을 구할 대책은 세우지 않고 수수방관했습니다. 일찍이 증자께서 이르시기를, '경계하고 또 경계하라. 네게서 나간 것은 네게로 돌아온다(出乎爾者 反乎爾者)'고 하셨습니다. 백성들은 이제야 당한 것을 되갚았을 뿐입니다."

《맹자(孟子)》

동의어  인과응보(因果應報)

| | |
|---|---|
| 假 빌릴 가<br>途 길 도<br>滅 멸할 멸<br>虢 나라 이름 괵 | # 가도멸괵<br>假途滅虢 |

힘이 강한 자가 약한 자를 상대하면서 처음에는 작은 요청으로 안심시킨 다음
나중에는 상대를 끝내 망하게 한다는 말.

### 약소국에 대한 강대국의 기만적인 외교술

진(晉)나라 헌공이 괵(虢)나라를 공격하기 위해 우(虞)나라에 길
을 빌려 달라며 옥과 명마를 선물로 주었다. 선물에 눈이 먼 우나
라 왕은 신하들의 반대를 듣지 않고 길을 빌려주었다.

그러나 진나라는 괵나라를 정벌한 지 3년 만에 우나라를 정벌하고
는 선물로 주었던 옥과 명마를 되찾아갔다. 약소국에 대한 강대국
의 기만적인 외교술을 비유하여 일컫는 말이다.　　　　《한비자(韓非子)》

해설　　한(韓)나라 출신 한비(韓非)가 쓴 《한비자》는 법에 의한 강력한 통치를 주장하는 책
　　　　으로, 진시황을 비롯한 역대 군주들이 탐독할 정도로 제왕학의 교과서라 불린다.
　　　　오늘날까지 정치가나 군인, 비즈니스맨들에게 통치술에 관한 최고의 고전으로 읽
　　　　히고 있다.

# 동주상구
## 同舟相救

| | |
|---|---|
| 同 | 같을 동 |
| 舟 | 배 주 |
| 相 | 서로 상 |
| 救 | 구원할 구 |

한 배에 탄 사람들은 배가 전복되면 서로 힘을 모아 구조함. 이해관계가 맞아 떨어지면 서로 돕게 된다는 뜻.

### 아무리 원수라도 풍랑을 만나면

오나라와 월나라는 원수처럼 미워하는 사이지만 한 배를 타고 바다를 건너다가 풍랑을 만났다면 더.이상 원수처럼 맞붙어 싸우지는 않고 오히려 양쪽 어깨에 붙은 오른손과 왼손의 관계처럼 도울 것이다.

《손자(孫子)》

---

**동의어**   동병상련(同病相憐), 동주제강(同舟濟江), 오월동주(吳越同舟)

**해설**   오나라와 월나라는 지금의 남중국해 끝자락에 위아래로 나란히 위치해 있어 사사건건 마찰했다. 월나라의 윤상과 구천, 오나라의 합려와 부차가 그 주인공들로 대를 이어 원한을 쌓으며 죽고 죽이는 전쟁을 이어갔다.

肝 간 간
腦 뇌 뇌
塗 칠할 도
地 땅 지

# 간뇌도지
### 肝腦塗地

간과 뇌가 땅에 떨어져 으깨어질 만큼 참혹하게 죽음. 나라를 위해서는 큰 곤경에 처하거나 참혹한 죽음도 두려워하지 않는다는 뜻.

## 목숨을 다해 은공을 갚겠다는 다짐

촉나라 유비가 천하의 패권을 놓고 위나라 조조와 맞설 무렵, 촉나라 군대는 유비를 따르는 수많은 백성들 때문에 진군이 더뎌 자주 곤경에 빠졌다. 이런 와중에 유비의 아들을 적진 한가운데 놓고 후퇴하고 말았다. 어느 날 장비가 날랜 조조의 기마병을 겨우 막아냈는데, 이때 조자룡(趙子龍)이 단기필마로 적진을 돌파하여 사지에 남아 있던 유비의 아들을 구해왔다.

그러자 유비는 아들을 땅에 내던지며 '못난 아이 하나 때문에 명장을 잃을 뻔했다!'며 탄식했다. 이에 감복한 조자룡이 '간과 내장을 쏟아내도(肝腦塗地) 은공을 갚을 수 없습니다'라고 말했다.

《삼국지연의(三國志演義)》

**해설** 조자룡의 원래 이름은 조운(趙雲)으로 후한 말기의 장수 공손찬(公孫瓚)의 부하였지만 유비의 인품에 끌려 촉나라로 건너왔다. '조자룡 헌 칼 쓰듯'이라는 말이 있듯이 창과 칼의 달인으로 뛰어난 전투 능력으로 각종 전쟁에서 연달아 승리를 거둬 촉나라에 큰 힘을 보탰다. _

# 패군장 불가이언용
## 敗軍將 不可以言勇

| | |
|---|---|
| 敗 | 패할 패 |
| 軍 | 군사 군 |
| 將 | 장수 장 |
| 不 | 아닐 불 |
| 可 | 좋을 가 |
| 以 | 써 이 |
| 言 | 말씀 언 |
| 勇 | 날랠 용 |

싸움에 패한 장수는 용맹에 대해 말할 자격이 없다는 뜻.

### 싸움에 패한 장수는 입이 없다

한나라의 한신 장군이 조나라를 무찌른 뒤, 유명한 책사 이좌거(李左車)를 생포하고 그에게 앞으로 한나라 군대가 천하를 장악할 방법이 무엇인지 물었다. 이에 이좌거가 대답했다.

"싸움에 패한 장수는 용맹에 대해 말해서는 안 되며(敗軍將不可以言勇), 나라를 망친 신하는 나라를 보존하는 일을 꾀해서는 안 된다고 했습니다." 이좌거의 거듭된 사양에도 불구하고 한신은 그를 스승으로 모셨고, 이후 이좌거는 한신의 책사로 명성을 날리게 된다.

《사기(史記)》

下 아래 하
學 배울 학
上 윗 상
達 통달할 달

# 하학상달
## 下學上達

아래를 배워 위에 도달한다는 뜻. 낮고 쉬운 것부터 배워 깊고 어려운 것을 깨닫는다는 말.

### 작은 일을 배워 심오한 이치까지 통달했으니

공자께서 말씀하셨다. "나를 알아주는 사람이 없구나!" 자공이 말했다. "어찌 스승님을 몰라주겠습니까?" 이에 공자께서 말씀하셨다. "하늘을 원망하지 않고, 다른 사람을 탓하지 않는다. 일상적인 일들을 배워 심오한 이치에까지 도달했으니(下學上達) 나를 알아주는 것은 저 하늘이로다!"

《논어(論語)》

**해설** 《논어》〈헌문편(憲問篇)〉에 나온다. 공자는 자신의 명성에 걸맞은 정치적 지위를 누리지 못한 채 누구도 알아주는 사람 없이 수년간 전국을 떠돌다가 초야에 묻혀 후학들을 가르치는 데 전념했다. '그렇기에 나를 알아주는 것은 저 하늘이로다'라는 말을 하는 것이다.

# 회계지치
## 會稽之恥

會 모일 회
稽 상고할 계
之 어조사 지
恥 부끄러울 치

전쟁에서 패한 후에 마음에 단단히 새기고 있는 치욕이라는 뜻.

## 치욕을 감수하며 무릎을 꿇다

월나라 구천에게 패한 오나라 합려가 아들 부차에게 반드시 복수하라는 유언을 남기고 죽었다. 이에 부차는 섶 위에서 잠을 자고 신하들에게는 자신의 방을 드나들 때마다 아버지의 유언을 외치게 하는 등 절치부심(切齒腐心)하며 때를 기다렸다.

이런 사실을 전해들은 구천이 참모 범려의 만류에도 선제공격을 감행했다가 복수심에 불타는 부차의 군대에 패하여 회계산으로 도망쳤다. 한참을 쫓기던 구천은 더 이상 갈 곳이 없자, 모든 치욕을 감수하며 부차의 신하가 되겠노라며 항복했다(會稽之恥).

이때 부차의 참모 오자서(伍子胥)가 후환을 남기지 않으려면 당장 구천을 죽여야 한다고 간언했으나 부차는 구천을 용서하고 귀국까지 허락했다. 구천은 고국에 돌아오자 곁에다 쓸개를 놔두고 앉으나 서나 그것을 핥으면서 패배의 치욕을 되씹었다.

그로부터 20년 후, 마침내 구천이 부차를 굴복시키고 전날의 굴욕을 씻음으로써 물고 물리는 복수전의 대미를 장식했다. 부차는 자결했고, 구천은 천하의 패자가 되었다.  《사기(史記)》

**동의어**   와신상담(臥薪嘗膽), 절치액완(切齒扼腕)

口 입 구
耳 귀 이
之 어조사 지
學 배울 학

# 구이지학
## 口耳之學

학문을 보고 들으면 남에게 그대로 전하기만 할 뿐, 조금도 자기 것으로 만들지 못함.

### 일곱 자의 몸에도 채우지 못하는 학문이라면

"귀로 들은 것이 곧바로 입으로 나온다면(口耳之學) 소인의 학문이다. 입과 귀 사이는 네 치일뿐인데 어찌 일곱 자의 몸에도 채우지 못하는가." 군자는 한 번 들은 것은 그대로 마음에 삭이고 몸으로 받아들여 인격을 높이고, 그것이 행동으로 나타나야 한다는 뜻이다.

《순자(荀子)》

**동의어**  기문지학(記問之學)

**해설**  순자의 권학편(勸學篇)에 나오는 문장이다. 귀로 들은 것을 깊이 새기지 않고 그냥 뱉어버리는 경박한 태도를 꼬집는 말이다. '군자의 학문은 귀로 들어가 마음에 붙어 온몸으로 퍼져서 행동으로 나타난다'는 입이착심(入耳着心)은 구이지학의 반의어다.

# 장두노미
## 藏頭露尾

藏 감출 장
頭 머리 두
露 드러낼 로(노)
尾 꼬리 미

머리는 감추었는데 꼬리는 드러남. 진실을 감추려고 하지만 거짓의 실체는 이미 드러나 있다는 뜻.

### 진실을 꽁꽁 숨겨두려고 하지만

타조는 누구에게 쫓기면 머리를 덤불에 처박고 꼬리는 미처 다 숨기지 못한 채 쩔쩔맨다. 그렇듯이 진실을 꽁꽁 숨겨두려고 하지만 실마리는 이미 만천하에 드러나 있다는 뜻이다.

해설  중국 원나라 때의 문인 장가구(張可久)가 집필한 〈점강진 · 번귀거래사〉에 나오는 말로 같은 시기 왕엽(王曄)이 지은 〈도화녀〉라는 작품에도 등장하는 말이다.

見 볼 견
不 아닐 불
逮 미칠 체
聞 들을 문

# 견불체문
見不逮聞

소문으로는 아주 뛰어났지만, 직접 만나 보니 기대에 미치지 못한다는 뜻.

## 직접 본 것이 들은 것에 미치지 못하는구나

당나라 때 최신명이란 사람은 시문을 좋아해서 훌륭한 작품을 많이 가지고 있다는 소문이 났다. 그가 지은 시문을 좋아하는 사람 중에 정세익이라는 사람도 있었는데, 하루는 두 사람이 우연히 만나 뱃놀이를 하게 되었다.

정세익이 최신명에게 새로운 작품이 없느냐고 묻자, 최신명이 신이 나서 보여 주었는데 정세익이 몇 작품을 살펴보고는 별다른 말이 없다가 이렇게 중얼거렸다. "직접 본 것이 들은 것에 미치지 못하는구나(所見不逮所聞)."

**동의어** 유문무실(有聞無實)

# 증삼살인
曾參殺人

曾 일찍 증
參 석 삼
殺 죽일 살
人 사람 인

거짓말도 되풀이해서 듣게 되면 믿어버리게 된다는 뜻.

## 세 사람이 거듭해서 같은 말을 하니

공자의 제자 증자(曾子)는 효성이 지극하고 예의가 바른 사람이었다. 그가 노나라에 있을 때, 그곳에 증자의 원래 이름인 증삼(曾參)과 똑같은 이름을 가진 사람이 살고 있었다. 어느 날 그가 살인을 저질렀는데, 사람들이 증자의 어머니에게 달려와 말했다. "증삼이 사람을 죽였습니다."

하지만 어머니는 아들의 품성을 알기에 그 말을 믿지 않고 하던 일을 계속했다. 두 번째 사람이 달려와 같은 말을 해도 미동도 하지 않았다. 그러나 세 번째 사람이 달려와 같은 말을 하자 증자의 어머니는 두려움에 떨며 담을 넘어 달려 나갔다. 아들을 굳게 믿는 어머니임에도 세 사람이 거듭해서 같은 말을 하니 믿을 수밖에 없었던 것이다. 《전국책(戰國策)》

**동의어** 삼인성호(三人成虎)

攻 칠공
彼 저피
考 살필고
我 나아

# 공피고아
## 攻彼考我

상대를 공격하기 전에 먼저 자신을 살펴야 한다는 말.

## 상대를 치기 전에 반드시 자신을 먼저 살펴라

적과 아군의 실정을 잘 비교한 후에 승산이 있을 때 싸운다면 백 번을 싸워도 결코 위태롭지 않다(知彼知己 百戰不殆). 적의 실정은 모른 채 아군의 실정만 알고 싸운다면 승패의 확률은 반반이다(不知彼而知己 一勝一負).

적의 실정은 물론 아군의 실정까지 모르고 싸운다면 싸울 때마다 반드시 패한다(不知彼不知己 每戰必敗). 상대를 치기 전에 반드시 자신을 먼저 살피는 것이 전쟁 수행의 첫 번째 원칙이라는 가르침 이다.

《손자(孫子)》

해설 《손자》는 춘추시대 후반 병학자 손무(孫武)가 저술한 13편의 병서로 당시의 군사적 상황과 군사 사상을 이해하는 데 도움을 준다. 이후 동아시아를 넘어 전 세계적으로 알려져 군사, 교육, 비즈니스 등 다양한 부문에 큰 영향을 끼치고 있다.

# 구화투신
## 救火投薪

救 구원할 구
火 불 화
投 던질 투
薪 섶 신

불을 끄기 위해 땔나무를 던진다는 말. 잘못을 고치려고 하는 행동이 오히려 더 큰 잘못을 부르게 된다는 뜻.

## 잘못을 고치려다 오히려 더 큰 화를 부르다

진나라가 주변국들을 무자비하게 공격할 때, 위나라 장수 단간자(段干子)가 임금에게 차라리 일부 땅을 진나라에 넘겨주고 강화조약을 맺자고 건의했다. 이에 소대(蘇代)가 말했다.

"설사 화친을 맺더라도 진나라의 침공은 그치지 않을 것입니다. 진나라와 강화조약을 맺는 것은 땔나무를 안고 불을 끄려는 것(救火投薪)과 같습니다." 위나라 왕은 소대의 말을 받아들이지 않고 진나라와 강화조약을 체결했다가 얼마 후 무자비한 공격을 받고 끝내 망하고 말았다.                                 《사기(史記)》

**동의어** 포신구화(抱薪救火)

**해설** 소대는 전국시대 사람으로 합종연횡설을 주장했던 소진의 동생이다. 형처럼 뛰어난 웅변가로 여러 나라에서 활동하며 제후들에게 책략을 제공했다.

朝 아침 조
露 이슬 로
之 어조사 지
危 위태할 위

# 조로지위
## 朝露之危

해가 뜨면 곧장 사라지는 아침이슬처럼 생명이나 지위가 곧 무너질 처지에 있다는 말.

## 당장 말라버릴 아침이슬처럼 위험하다

진나라 재상 상앙(商鞅)은 엄격한 법질서를 통해 나라의 기틀을 잡는 데 크게 기여했지만 그로 인해 수많은 귀족이나 대신들의 원한을 샀다. 어느 날 한 신하가 찾아와 상앙에게 충고했다.

"재상께서는 지금 아침이슬처럼 위험하니(朝露之危) 당장 살 길을 찾으십시오." 상앙은 귀담아듣지 않고 자기의 소신을 버리지 않았다가 몇 년 후 정적들의 참언과 무고로 목숨을 잃고 말았다.

《사기(史記)》

**해설**　상앙은 법가의 계통을 잇는 전국시대의 정치가로, 두 차례의 변법을 시행하여 진나라를 부강하게 만들었다. 태자를 벌하여 나라의 기강을 세울 만큼 엄격한 법치주의를 지켜나갔으나 그 엄격함 때문에 적이 많이 생겼고, 마침내 비참하게 죽고 말았다. 사마천의 《사기》 〈상군열전〉에 상앙에 대한 기록이 자세히 소개되어 있다.

# 일궤십기
## 一饋十起

一 한 일
饋 먹일 궤
十 열 십
起 일어날 기

한 끼 밥을 먹는 데 열 번이나 일어난다는 말. 인재를 발탁하려는 의지와 정성이 대단하나는 뜻.

## 인재를 발탁하려는 의지와 정성

하나라의 우왕은 나라를 잘 다스리기 위해 천하의 인재를 구하려고 애를 썼다. 밥을 먹을 때 손님이 찾아오면 일어나 맞이하기를 한 끼에 10번이나 했으며(一饋十起), 목욕 중일 때 손님이 오면 머리칼을 감아올린 채로 뛰어나가 맞이하기를 세 번이나 할 정도로 정성이 대단했다.

《회남자(淮南子)》

해설　하나라는 이어진 상나라와 함께 전설상에 존재하는 나라들이다. 드넓은 평야, 따뜻한 온도, 황하강, 바다 등 문명이 싹트기 좋은 조건을 모두 갖추었기에 이곳에서 중국 문명이 싹트기 시작했다.

田 밭 전
父 지아비 부
之 어조사 지
功 공 공

# 전부지공
田父之功

제삼자가 힘들이지 않고 이득을 본다는 뜻.

## 힘들이지 않고 토끼와 개를 손에 넣은 농부

제나라 왕이 위나라를 치려고 하자 재상 순우곤(淳于髡)이 간언했다. "개가 토끼를 뒤쫓았는데, 쫓고 쫓기는 추격전 끝에 개도 토끼도 지쳐 쓰러지고 말았습니다. 이때 한 농부가 힘들이지 않고 두 마리를 손에 넣는 횡재를 했습니다. 제나라와 위나라는 오랫동안 맞서 싸우느라 군사도 백성도 모두 지치고 쇠약한데, 이런 판에 진나라와 초나라가 그 농부와 같이 힘들이지 않고 횡재하는 일(田父之功)이 벌어지지 않을까 걱정스럽습니다."

순우곤의 말에 왕은 위나라를 칠 생각을 버렸다. 《전국책(戰國策)》

**동의어** 견토지쟁(犬兔之爭), 어부지리(漁父之利)

# 절성기지
## 絶聖棄智

| | |
|---|---|
| 絶 | 끊을 절 |
| 聖 | 성인 성 |
| 棄 | 버릴 기 |
| 智 | 지혜 지 |

학문을 중도에 그쳐 버리면 걱정이 없어진다는 뜻. 노자가 지나치게 형식에 얽매인 공자의 학문이나 유교를 비판한 말에서 유래되었다.

### 형식의 틀에서 벗어나야 참된 삶이 찾아온다

"성(聖)을 끊고 지(智)를 버리면(絶聖棄智) 백성의 이익이 백배가 되고, 인(仁)을 끊고 의(義)를 버리면 백성이 효도하고 사랑하는 것으로 돌아온다."

노자가 지나치게 형식에 얽매인 공자의 학문(유학)을 비평한 말이다. 성스러움이나 지혜로움의 틀에서 벗어나면 사람들이 명예나 공로 때문에 다투는 일이 사라져 도리어 이익을 얻게 되고, 어짊이나 의로움 따위의 틀에서 벗어나면 백성들이 양심을 속이는 일이 없기 때문에 오히려 참다운 효도와 사랑을 할 수 있게 된다는 뜻이다. 《노자도덕경(老子道德經)》

南 남녘 남
郭 둘레 곽
濫 함부로 할 람
吹 불 취

# 남곽남취
## 南郭濫吹

능력이 없는 자가 능력이 있는 것처럼 가장한다는 뜻. 실력이 없는 자가 높은 버슬에 오르거나 어떤 분야에 전문지식도 없이 함부로 날뛰는 사람을 일컫는 말로 쓰임.

## 악기를 전혀 다룰 줄 몰랐던 사내의 속임수

제나라의 선왕은 음악을 즐겼는데, 우(竽-큰 생황)를 불게 할 때는 반드시 300명이 합주하도록 했다. 어느 날, 남곽처사(南郭處士)라는 사람이 왕을 위해 자기도 우를 불겠다고 청원하여 선왕이 큰 상을 내려 치하했고, 당장 합주단의 일원이 되어 활약했다.

그런데 선왕이 죽고 새로 보위에 오른 민왕은 합주보다는 독주를 더 좋아해서, 연주자 한 사람 한 사람을 따로 불러 솜씨를 자랑케 했다. 그러자 남곽처사는 멀리 도망치고 말았다. 사실은 그는 우를 전혀 불 줄 몰랐던 것이다. 《한비자(韓非子)》

# 편작불능육백골
## 扁鵲不能肉白骨

扁 넓적할 편
鵲 까치 작
不 아닐 불
能 능할 능
肉 고기 육
白 흰 백
骨 뼈 골

천하의 명의 편작(扁鵲)도 죽은 사람은 백골에 살을 붙여 되살릴 수 없듯이 충신도 망한 나라를 다시 일으킬 수는 없다는 말.

## 중국 역사상 최고의 명의들

편작은 한나라 때의 화타(華陀)와 함께 중국 역사상 최고 명의로 꼽히는 인물들이다. 편작은 주나라 때 명의로 원래 이름은 진월인(秦越人)이다. 약초나 침으로 병을 치료하는 데 탁월한 능력을 가졌으며 특히 맥박에 의한 진단에 뛰어났다고 한다. 화타는 침 치료에 의한 외과적 진료에 탁월한 명의로 유명했다. 《염철론(鹽鐵論)》

해설 《염철론》은 전한 때 환관(桓寬)이라는 신하가 대궐에서 있었던 논쟁을 기록한 책으로, 10권 60책이다. 물물교환이 주를 이루던 시대에 소금과 철은 화폐만큼 중요한 가치를 지니고 있었다. 고대 중국 한나라의 무제(武帝)는 어려워진 경제 상황을 소금과 철의 전매제도를 통해 풀어보려 했는데, 이 문제를 놓고 벌인 회의를 생생히 기록하고 있다.

姑 시어미 고
息 아이 식
之 어조사 지
計 꾀 계

# 고식지계

姑息之計

부녀자나 아이들이 꾸미는 계책. 당장 편한 것만 택하는 임시변통의 해결책이
라는 뜻.

## 소인은 눈앞의 이익에 따라 움직인다

"증자가 말하기를, 군자가 사람을 사랑할 때는 덕으로 하지만 소
인이 사람을 사랑할 때는 고식(姑息)으로 한다."

'고식'이란 부녀자나 아이들이 꾸미는 속 좁은 계책을 말한다. 군
자는 사람을 덕으로 사랑하므로 오래가는 데 반해 소인은 목전의
이익에 따라 사랑하기에 오래가지 못한다는 뜻이다.   《예기(禮記)》

**동의어**   동족방뇨(凍足放尿), 미봉책(彌縫策), 임기응변(臨機應變)

**해설**   우리가 흔히 쓰는 고식적(姑息的)이란 말은 일을 근본적으로 해결하지 않고 임시로
둘러맞춰 처리하는 것을 말한다. 틀에 박힌 생각으로 임시변통을 거듭하는 사람을
일컬을 때 쓴다.

# 곤수유투
困獸猶鬪

困 곤할 곤
獸 짐승 수
猶 오히려 유
鬪 싸울 투

짐승도 궁지에 몰리면 적을 향해 싸우려고 덤비듯이 약자도 위기에 처하면 도리어 강자를 해칠 수 있다는 뜻.

## 대패한 장수를 살린 한 마디 말

진나라 경공이 초나라와의 전쟁에서 대패하고 돌아온 장수 순림보(荀林父)를 참형에 처하려 하자 대부 사정자(士貞子)가 말했다.

"문공 때 진나라가 초나라와 싸워 대승을 거두었는데도 문공은 도리어 크게 걱정하셨습니다. 그때 패한 초나라 명장 성득신(成得臣)이 아직 살아 있었기 때문입니다. 당시 문공은 '곤경에 빠진 짐승도 마지막 순간에는 악착같이 싸우는데(困獸猶鬪) 일국의 명장이야 말할 나위가 있겠는가?'라고 말씀하셨습니다. 후에 성득신이 다른 일로 참형을 당하자 문왕은 비로소 기뻐했습니다. 그 뒤부터 진나라는 초나라와의 싸움에서 매번 이겼으며 초나라는 점점 약해졌습니다. 이로 보아 순림보를 죽이는 것은 오히려 적국을 돕는 일이 될 것입니다." 경공은 순림보를 사면해 주었다.

《춘추좌씨전(春秋左氏傳)》

遠 멀 원
水 물 수
不 아닐 불
救 구원할 구
近 가까울 근
火 불 화

# 원수불구근화
## 遠水不救近火

먼 곳에 있는 물로는 가까운 곳의 불을 끌 수 없다는 말. 무엇이든 멀리 있는 것은 급할 때 아무 소용이 없다는 뜻.

## 멀리 있는 것은 급할 때 아무 소용이 없다

노나라 목공(穆公)이 제나라의 침략을 막아내기 위해 대륙의 여러 나라에 사신을 보내면서 이번에 도와주면 그들을 섬기겠다는 뜻을 전하려고 했다. 이들이 하나같이 제나라의 득세를 싫어하므로, 이 기회에 외교관계를 맺어 제나라의 막강한 힘에 대응하려는 전략이었다. 이때 재상 이서(犁鉏)가 목공의 뜻에 반대하며 말했다.

"물에 빠진 아이가 있는데 멀리 월나라에서 제일 헤엄을 잘 치는 사람을 불러다 구하려고 한다면, 그가 아무리 헤엄의 달인이라 해도 아이를 살려내지 못할 것입니다. 불이 났는데 멀리 있는 바닷물을 끌어다 쓰려고 한다면 아무리 물이 많아도 불을 끌 수 없는 이치와 마찬가지입니다. 멀리 있는 물은 가까운 불을 끄지 못합니다(遠水不救近火). 그들이 비록 강한 나라들이지만 제나라가 그들보다 가까이 있기에 우리의 위급함을 구해줄 수 없습니다."

《한비자(韓非子)》

# 백아절현

伯牙絶鉉

伯 맏 백
牙 어금니 아
絶 끊을 절
鉉 줄 현

나를 진정으로 알아주었던 절친한 벗의 죽음을 슬퍼한다는 뜻. 친구 사이의 돈독한 우정을 일컫는 말.

## 단 한 사람의 벗을 잃고 난 후의 선택

진나라의 백아(伯牙)는 거문고의 달인으로, 그에게는 자신의 음악을 진정으로 이해해주는 친구 종자기(鍾子期)가 있었다. 백아가 한번 거문고 줄을 당기면 종자기는 그 곡이 의미하는 바가 무엇인지 정확하게 알아내고 극찬을 아끼지 않았다.

자신의 예술을 이해해주는 벗이 있었기에 백아는 행복했다. 그런데 종자기가 갑자기 병으로 세상을 떠나자 백아는 너무나 슬픈 나머지 그토록 애지중지하던 거문고 줄을 스스로 끊어버리고(伯牙絶鉉) 죽을 때까지 다시는 거문고를 들지 않았다.  《여씨춘추(呂氏春秋)》

**동의어**  금란지교(金蘭之交), 문경지우(刎頸之友), 지기지우(知己之友)

| | |
|---|---|
| 兩 | 두 량(양) |
| 豆 | 콩 두 |
| 塞 | 막힐 색 |
| 耳 | 귀 이 |
| 不 | 아닐 불 |
| 聞 | 들을 문 |
| 雷 | 우뢰 뢰(뇌) |
| 霆 | 천둥소리 정 |

# 양두색이 불문뇌정
## 兩豆塞耳 不聞雷霆

콩알 두 개로 귀를 막으면 천둥번개가 쳐도 들리지 않는다는 말. 사소한 것이 큰 지장을 초래한다는 뜻.

## 콩알 두 개로 귀를 막으면

잎새 하나로 눈을 가리면 태산을 보지 못하고, 콩알 두 개로 귀를 막으면 천둥소리도 듣지 못한다(一葉蔽目 不見泰山 兩豆塞耳 不聞雷霆).

《할관자(鶡冠子)》

**해설** 할관자는 초나라의 도가 사상가로 깊은 산속에 혼자 살면서 할새의 깃털로 만든 관(冠)을 만들어 쓰고 다녔다고 한다. 고대 중국에서는 억압적 정치제도를 벗어나 초야에 묻혀 지내는 은자(隱者)들이 많았다.

# 역린
### 逆鱗

逆 거스를 역
鱗 비늘 린

용의 가슴에 거꾸로 난 비늘. 임금의 노여움을 일컫는 말.

## 용의 턱 밑에 있는 비늘을 건드리면

용의 턱 밑에는 지름이 한 자나 되는 비늘이 거슬러서 난 것이 하나 있는데, 만일 이것을 건드리게 되면 용은 그 사람을 반드시 죽이고 만다. 군주에게도 그런 역린(逆鱗)이 있다.　　　《한비자(韓非子)》

**해설**　역린은 임금의 분노를 일컫는 말이다. 절대군주 시대에 임금의 심기를 건드려서 참을 수 없는 분노를 샀을 때, 신하는 반드시 죽게 된다. 임금도 인간인지라 신하가 임금의 약점을 들추어냈을 때도 어김없이 역린을 건드린 것이 된다.

伏 엎드릴 복
龍 용 용
鳳 봉새 봉
雛 병아리 추

# 복룡봉추
### 伏龍鳳雛

아직 세상에 널리 알려지지 않았지만 탁월한 재주를 지닌 인물과 장래가 유망한 젊은이를 가리키는 말.

## 때를 기다리며 엎드려 있는 용과 봉황의 새끼

유비가 형주의 유표에게 몸을 의탁하고 있을 때, 경륜이 높기로 유명한 사마휘(司馬徽)를 찾아가 시국에 대해 묻자 그가 이렇게 대답했다. "저는 글만 읽는 서생에 불과해서 아무것도 모릅니다. 그런 문제는 복룡(伏龍)과 봉추(鳳雛)가 잘 알지요."

복룡은 '때를 기다리며 엎드려 있는 용'이라는 뜻으로 제갈공명을 가리키고, 봉추는 '봉황의 새끼'라는 뜻으로 방통(龐統)을 가리킨다. 방통은 제갈량과 쌍벽을 이루는 책사로 유비가 천하 패업을 다뤄 나가는 데 크게 기여한 인물이지만 36세의 나이에 일찍 죽었다.

《촉지(蜀志)》

# 부인지인
婦人之仁

婦 며느리 부
人 사람 인
之 어조사 지
仁 어질 인

---

여인네의 하찮은 어짊이라는 뜻. 남자의 우유부단하거나 나약한 심성을 일컫는 말.

---

## 작은 아량에 사로잡혀 우왕좌왕한 항우

한나라의 명장 한신은 항우(項羽)가 유방(劉邦)보다 훨씬 막강한 군사력을 보유하고도 끝내 패배한 원인을 '부인지인(婦人之仁)'과 '필부지용(匹夫之勇)' 때문이었다고 간단히 결론지었다.

부인지인은 부녀자의 어진 마음이라는 말로, 항우가 작은 아량에 사로잡혀 우왕좌왕함으로써 대사를 그르치는 일이 많았다는 뜻이다. 필부지용은 한낱 평범한 사내의 용기라는 뜻으로, 항우가 막판의 연이은 패배로 인한 울화를 참지 못하고 스스로 목숨을 끊음으로써 재기의 기회를 저버린 것을 비판하는 말이다.

항우는 큰 몸집에 남다르게 큰 포부를 지닌 사내였음에도 유난히 여린 심성으로 인해 유방을 제압할 결정적인 순간을 놓쳐버리거나 일시적인 화를 견디지 못하고 탁월한 참모들을 잃는 경우가 많았다. 《사기(史記)》

拂 떨칠 불
鬚 수염 수
塵 티끌 진

# 불수진
## 拂鬚塵

수염에 묻은 먼지를 털어주다. 윗사람에게 아첨하기 위해 비굴한 태도를 보이는 행위를 일컬음.

## 상관의 수염까지 털어주며 아부하다

송나라의 재상 구준(丘濬)은 강직하고 청렴한 선비로 유명했다. 어느 날 조정의 중신들과 함께 식사를 하는 중에 그의 수염에 음식 찌꺼기가 묻었다. 이때 정위(丁謂)라는 젊은 선비가 재빨리 구준의 수염을 소맷자락으로 털어주었다.

그러자 구준은 일국의 관리가 상관의 수염까지 털어주며(拂鬚塵) 때와 장소를 가리지 않고 아부하는 행위는 잘못된 것이라며 엄히 꾸짖었다.

《송사(宋史)》

해설   구준은 명나라 효종 때 예부상서를 지낸 인물로, 진덕수(眞德秀)의 《대학연의(大學衍義)》를 증보하여 《대학연의보(大學衍義補)》를 지었다. 그가 편찬한 《대학연의보》는 조선에서 왕이 학문이나 기술을 강론·연마하고 신하들과 국정을 논하던 경연에서도 교재로 쓰였다.

# 빈계지신
## 牝鷄之晨

牝 암컷 빈
鷄 닭 계
之 어조사 지
晨 새벽 신

---

'암탉이 울면 집안이 망한다'는 속담과 같은 말. 여자가 함부로 설치면 집안이 망한다는 뜻.

---

### 새벽에 암탉이 울면 집안이 망한다

상나라의 마지막 임금 주왕(紂王)의 곁에는 음란하고 악랄한 애첩 달기(妲己)가 있었다. 용모는 선녀와 같고 가무에 능했으나 성미가 포악하기 이를 데 없어 주왕을 주지육림에 빠지게 하는 한편으로 온갖 학정을 저지르도록 조종한 여인이었다.

상나라가 망한 뒤, 주나라의 무왕은 달기의 농간에 국정을 파탄 낸 것에 대해 이렇게 말했다. "암탉은 아침에 울지 않는 법인데, 새벽에 암탉이 울면 집안이 망한다(牝鷄之晨)." 《서경(書經)》

해설 상나라의 주왕과 하나라의 걸왕(桀王)은 역사상 유래가 없는 폭군으로 바른 말을 하는 신하는 물론 일반 백성까지 마음에 들지 않으면 가차 없이 처단했다. 주왕에게 달기가 있었다면 걸왕에게는 말희(妹姬)라는 여인이 있어 국가를 파탄에 이르게 하는 데 앞장섰다.

四 넉 사
鳥 새 조
之 어조사 지
別 헤어질 별

# 사조지별
四鳥之別

네 마리 새끼새와 어미새의 이별이라는 뜻. 모자지간의 이별을 일컫는 말.

## 장성한 자식이 고향을 떠날 때의 어머니 마음

환산(桓山)의 어미새가 새끼 네 마리를 낳아 정성껏 보살폈는데, 새끼들이 다 자라서 둥지를 떠나게 되자 어미새가 오랫동안 울었다는 고사에서 나온 말이다. 장성한 자식이 입신양명을 위해 고향을 떠날 때의 어머니 심정을 일컫는 말로 쓰인다.

《공자가어(孔子家語)》

---

해설 《공자가어》는 공자가 공경대부나 제자들과 나눈 일상의 대화를 편찬한 책으로, 《논어》에 포함되지 않은 일화를 수록하고 있다.

# 상궁지조
## 傷弓之鳥

傷 다칠 상
弓 활 궁
之 어조사 지
鳥 새 조

화살에 한 번 상처를 입은 새는 굽은 나무만 봐도 놀란다는 뜻. 어떤 일에 봉변을 당하면 작은 일에도 겁을 낸다는 말.

## 싸움에 한 번 패한 장수는 두려움을 갖게 마련

위나라의 명궁 경리(更羸)가 왕과 산책하고 있을 때, 날아가는 기러기들을 보고는 자신은 화살 없이 활시위만 당겨도 기러기를 떨어뜨릴 수 있다고 장담했다. 경리가 빈 활의 시위만 당겼는데, 정말로 맨 뒤에 날아가던 기러기가 땅에 뚝 떨어졌다. 왕이 놀라 연유를 묻자 경리가 대답했다.

"이 기러기는 지난 날 제가 쏜 화살에 맞아 다친 적이 있는 녀석입니다(傷弓之鳥). 아직 상처가 아물지 않아 맨 뒤에서 힘겹게 날아가며 구슬피 우는 소리를 듣고 알아봤습니다. 이 새는 활의 시위가 당겨지는 소리만 듣고도 놀라 그만 땅에 떨어진 것입니다."

싸움에 한 번 패한 장수는 자기를 이긴 상대에 두려움을 갖게 마련이니 다시 그와 싸울 때는 조심해야 한다는 뜻을 담은 말이다.

《전국책(戰國策)》

釋 풀 석
紛 어지러울 분
利 이로울 리(이)
俗 풍속 속

# 석분이속
釋紛利俗

얽힌 것을 풀어 세상을 이롭게 함.

## 어지러운 것을 해결해주어 세상을 이롭게 하다

제나라 때, 백성들의 존경을 받는 노중련(魯仲連)에게 평원군(平原君)이 천금을 보내 무병장수를 축원했다. 이에 노중련이 말했다. "천하의 선비들이 귀하게 여겨야 할 일은. 남을 위해 근심을 없애주고 어려운 일을 풀어주며 시끄럽고 어지러운 것을 해결해주어 세상을 이롭게 하고서도(釋紛利俗) 사례를 받지 않는 일입니다."

《사기(史記)》

해설  평원군은 중국 전국시대 조나라의 무령왕의 아들로 삼천 명의 식객을 거느린 호걸로 유명했다. 제나라의 맹상군(孟嘗君), 초나라의 춘신군(春申君), 위나라의 신릉군(信陵君)과 함께 전국시대 말기의 '사군(四君)'이라 불린다.

# 성혜
成蹊

成 이룰 성
蹊 좁은길 혜

샛길이 생긴다는 뜻. 덕이 높은 사람은 굳이 자기를 알리려 애를 쓰지 않아도 자연히 흠모하는 사람들이 생긴다는 말.

## 장수의 담대한 용기가 빛나는 전략

전한 경제 때 흉노족이 쳐들어왔다. 이에 장수 이광(李廣)이 기병 100여 명을 이끌고 나가 적 후방으로 기습공격을 감행하다가 그만 적군에게 포위되고 말았다. 그러자 이광이 부하들에게 '모두 말에서 내려 안장을 풀어라!' 하고 명했다. 뒤에 막강한 지원군이 있는 것처럼 위장하기 위해서였다.

이들의 대담한 행동에 놀란 흉노족들이 머뭇거리는 사이에 이광은 기병 10명을 이끌고 적진으로 말을 몰아 단숨에 적장의 목을 베었다. 이에 흉노족 군대는 혼비백산하여 그대로 달아나 버려 병사들이 진군할 샛길이 생겼다. 사마천은 이렇게 썼다.

"이광의 덕과 성실한 인품은 널리 알려져 있어 수많은 사람들이 그를 따랐다. 복숭아와 오얏나무 꽃이 아무 말을 하지 않아도 그것의 아름다움에 끌려 사람들이 모여들어 나무 밑에 자연히 샛길이 생기는 것과(成蹊) 같은 이치이다."

《사기(史記)》

**동의어**  낭중지추(囊中之錐)

菽 콩 숙
麥 보리 맥
不 아닐 불
辨 분별할 변

# 숙맥불변
## 菽麥不辨

콩과 보리를 구분하지 못할 정도로 어리석고 못난 사람.

## 콩과 보리도 구별하지 못하는 사람

주자(周子)에게 형이 있는데 콩과 보리조차 가려내지 못할 만큼(菽麥不辨) 지혜가 없는 사람이었다. 콩과 보리는 모양이 아주 다른 곡식인데, 뒤섞여 있는 보리와 콩을 따로따로 가려내지 못하는 사람이니 바보와 다름없다는 뜻이다. 줄여서 '숙맥(菽麥)'이라고 한다.

《춘추좌씨전(春秋左氏傳)》

---

동의어  목불식정(目不識丁), 어로불변(魚魯不辨)

해설  동의어인 목불식정은 '丁'자를 눈으로 보고도 고무래가 무엇인지 알지 못한다는 말이고, '낫 놓고 기역 자도 모른다'는 우리나라 속담과 뜻이 통하는 말이다. 어로불변은 '魚'자와 '魯'자를 똑바로 읽지 못할 만큼 바보라는 뜻이다.

# 욕교반졸
## 欲巧反拙

欲 하고자 할 욕
巧 공교할 교
反 도리어 반
拙 서툴 졸

잘 만들려고 지나치게 기교를 부리다가 도리어 졸렬한 결과를 낳음. 너무 잘 하려고 들면 도리어 망치게 된다는 말.

## 너무 서두르지 말고 작은 일에 집착 마라

자하(子夏)가 어느 고을의 태수가 되자, 공자에게 바른 정치에 대해 물었다. 이에 공자가 대답했다. "급히 서두르지 말고 작은 것에 집착하지 마라. 급하게 서두르면 일이 성사되기 어렵고, 작은 것에 매달리다 보면 큰일을 이루지 못한다(欲巧反拙)."  《논어(論語)》

해설　급하게 서두르면 일이 성사되기 어렵다는 말은 욕속부달(欲速不達)로, 욕교반졸과 함께 지도자가 명심해야 할 교훈이다. 공을 쌓으려고 너무 서두르거나 사소한 것에 집착하는 태도를 꼬집으며 진중하고 대범한 것이 지도자의 덕목임을 강조하고 있다.

韋 가죽 위
編 엮을 편
三 석 삼
絕 끊을 절

# 위편삼절
## 韋編三絕

책 한 권을 수십 번 반복해서 읽는 것을 말함. 공자는 독서량이 많아서 책을 엮어놓은 가죽 끈이 세 번이나 끊어졌다고 한다.

## 책 한 권을 수십 번 반복해서 읽다 보니

"늦게 주역을 접한 공자가 자주 되풀이해서 읽는 바람에 가죽 끈이 세 번이나 끊어졌다(韋編三絕)." 종이가 없던 옛날에는 대나무에 글자를 쓰고, 이를 가죽 끈으로 묶어 책을 만들었다. '위편'은 대나무 책을 가죽으로 맨 끈을 말하는데, 그것이 하도 자주 읽는 바람에 세 번이나 닳아 끊어졌다는 뜻이다. 《사기(史記)》

해설 대나무 조각을 엮은 뒤에 그 위에 글을 쓰는 기록 수단을 죽간(竹簡)이라 한다. 종이가 발명되기 전까지 가죽이나 비단과 함께 사용되었으며, 무게가 무거워서 이동이 불편한 단점이 있었다.

제2장

# 의義,

## 바다는 강물을
## 가리지 않는다

# 하해불택세류
## 河海不擇細流

| | |
|---|---|
| 河 | 물 하 |
| 海 | 바다 해 |
| 不 | 아닐 불 |
| 擇 | 가릴 택 |
| 細 | 가늘 세 |
| 流 | 흐를 류 |

강과 바다는 개울물을 가리지 않는다는 말. 큰 인물은 포용력이 커서 어떤 부류의 사람이라도 가리지 않고 받아들인다는 뜻.

## 바다는 강물을 가리지 않는다

진나라의 정치모략가로 유명한 이사(李斯)는 원래 초나라 사람으로, 진나라 승상 여불위의 가신으로 있다가 임금의 눈에 들어 객경의 자리에 올랐다. 그 무렵, 진나라에는 타국 출신 빈객이나 일부 관리들이 작은 세력을 얻고 함부로 설쳐대어 부작용이 많아 이들을 축출하자는 의견이 분분했다. 이에 이사가 임금에게 상소를 올렸다.

"태산은 한 줌의 흙도 사양하지 않았으므로 그렇게 높을 수 있으며(泰山不讓土壤 故能成其大), 하해는 작은 물줄기라도 가리지 않았으므로 그 깊음에 이른 것입니다(河海不擇細流 故能就其深)."

진나라가 아무 제한 없이 타국 출신 인재들을 품어야 더 큰 대국이 될 수 있다는 뜻을 담은 상소문을 읽고, 왕은 예전처럼 누구라도 진나라에서 살도록 했다.　　　　　　　　　　　　　　《사기(史記)》

**동의어**　태산불양토양(泰山不讓土壤)

| | |
|---|---|
| 求 구할 구 | |
| 則 곧 즉 | # 구즉득지 사즉실지 |
| 得 얻을 득 | |
| 之 이 지 | 求則得之 舍則失之 |
| 舍 버려둘 사 | |
| 失 잃을 실 | |

자기 분수에 맞게 구할 수 있는 것이면 구하되, 구할 수 없는 것이면 굳이 구하지 말라는 뜻.

## 반드시 구하면 얻어지는 유익함

마음을 다해 진리와 선을 찾으면 유익을 얻게 되지만 외부로부터 얻어지는 부와 명예는 유익하지 않을 수 있고 애써 구한다고 얻어지는 것도 아니다. 사람들은 반드시 구하면 얻어지는 유익함을 찾지 않고, 애써 얻어서 좋지도 않은 것들만을 얻으려고 한다.

《맹자(孟子)》

해설    맹자는 공자의 정통유학을 계승 발전시켜 공자 다음의 철인(哲人)으로 불린다. 그가 남긴 《맹자》는 개인의 심신수양을 위한 책이기 이전에 민본주의에 바탕한 일종의 정치사상서에 가깝다. 그렇기에 맹자의 말은 개인에게도 도움이 되지만 국가를 운영하는 지도자들이 반드시 읽어야 할 통치의 지침서라 불릴 만하다.

# 망극득모
## 亡戟得矛

亡 잃을 망
戟 창 극
得 얻을 득
矛 창 모

손해도 없고 이득도 없다는 뜻. 물건을 얻거나 잃었을 때, 그로 인한 이해관계는 두 가지로 해석할 수 있다는 말.

## 손해도 없고 이득도 없다

한 병사가 전투 중에 극(戟)이라는 병기를 잃고 귀대하던 중에 자루가 긴 창(槍)을 얻게 되었다. 병사가 사람들에게 사정을 말하며 벌을 받을지 물어보자, 병기를 잃은 대신 창을 얻었으니 괜찮을 거라고 했다.

하지만 다른 사람에게 또 물었더니, 이번에는 벌을 받을지도 모른다는 답이 돌아왔다. 결과적으로 병사는 손해도 없고 이득도 없으니 용서를 받았다.

《여씨춘추(呂氏春秋)》

해설 극은 전국시대의 무기 중 하나로 창처럼 길지만 그 끝이 갈고리 모양을 하고 있다.

| | |
|---|---|
| 甕 | 독 옹 |
| 裏 | 속 리 |
| 醯 | 초 혜 |
| 鷄 | 닭 계 |

# 옹리혜계

## 甕裏醯鷄

독 안의 초파리. 소견이 매우 좁다는 뜻.

### 나의 학문은 독 안에 든 초파리와 같구나

공자가 30세일 때, 83세의 노자를 만나 도(道)에 대해 대화를 나누고 나서 제자들에게 말했다. "나의 학문은 독 안의 초파리(甕裏醯鷄)와도 같이 변변치 못하구나." 위대한 철학자 노자에 비해 자신의 학문이 너무도 형편없음을 한탄하는 말이다.　　　　《장자(莊子)》

**동의어**　관중규천(管中窺天), 정저와(井底蛙)

**해설**　노자는 도가와 도교의 시조로 장자와 함께 '노장사상(老莊思想)'을 펼친 철학자이다. 노자의 생존에 대해서는 여러 가지 설이 있는데 아예 존재 자체를 부정하는 사람들도 많다. 노자의 사상은 백성들에게 억지로 뭘 하려고 하지 말라는 '무위자연(無爲自然)'으로 유명하다.

# 초두난액
## 焦頭爛額

焦 탈 초
頭 머리 두
爛 델 란(난)
額 이마 액

---

불에 머리를 태우고 이마를 그을림. 어려운 일을 당하여 몹시 애를 쓴다는 뜻.

---

## 불에 머리를 태우고 이마를 그을리고

불이 났을 때 이를 미리 예방하는 대책을 건의한 사람은 상을 받지 못하고 불이 난 뒤에 불에 머리를 태우고 이마를 그을린(焦頭爛額) 사람이 더 크게 대우받는 현실을 비판하는 말이다.

《십팔사략(十八史略)》

해설   《십팔사략》은 원나라 때의 학자 증선지가 지은 중국 고대사로, 태고 때부터 송나라 말까지의 역사를 가려 뽑아 초학자들을 위한 일종의 역사교과서로 편찬한 책이다. 역사상 유명한 영웅호걸의 이야기가 망라되어 있어 매우 귀중한 역사서로 평가받는다.

| | |
|---|---|
| 下 아래 하<br>筆 붓 필<br>成 이룰 성<br>章 글 장 | # 하필성장<br>下筆成章 |

붓만 대면 곧바로 명문장이 될 만큼 뛰어난 재주.

## 붓을 들기만 해도 문장이 된다

위나라에서 최고 문필가로 손꼽히던 조식(曹植)은 바로 조조의 셋째아들이었다. 조식이 어렸을 때, 조조가 아들이 쓴 문장에 놀라 누가 써준 게 아닌지 의심하자 그가 대답했다. "저는 입을 열기만 하면 말이 되고, 붓을 놀리기만 하면 문장이 되는데(言出爲論 下筆成章) 그럴 필요가 있겠습니까?"

《삼국지(三國志)》

**해설** 조식은 어려서부터 천재로 유명했으며 당대 최고의 문필가로 인정받았다. 조조가 죽고 큰아들 조비가 황제에 오르자 조식을 죽이기 위해 일곱 걸음을 걷는 동안 시를 지어 보라며, 시를 짓지 못하면 죽일 것이라고 했다. 조식은 '콩을 삶아 콩국 끓이네. 콩물을 걸러 즙을 만드네. 콩깍지는 솥 아래 타고 있고, 콩은 솥 안에서 눈물 짓네. 본래는 같은 뿌리에서 났건만 서로 어찌 이리 급히 삶아대는가(煮豆燃豆萁 豆在釜中泣 本是同根生 相煎何太急)'라고 노래한 7보의 시(七步詩)를 지었고, 조비는 깊이 깨달은 바 있어 그를 살려주었다고 한다.

# 합포지목 생어호말
## 合抱之木 生於毫末

合 합할 합
抱 안을 포
之 어조사 지
木 나무 목
生 날 생
於 어조사 어
毫 터럭 호
末 끝 말

한 아름되는 나무도 작은 싹에서 시작된다는 말. 모든 사물은 작은 것으로부터 시작되니 처음을 소중히 여기라는 뜻.

## 천리 길도 한 걸음부터

일이란 생기기 전에 처리하고 어지럽기 전에 다스려야 하니 한 아름 되는 나무도 털끝만 한 씨앗으로부터 생기고(合抱之木 生於毫末) 9층의 누대도 한줌 흙이 쌓여 이루어지며 천리 길도 한 걸음에서부터 시작되는 것이다.  《노자도덕경(老子道德經)》

해설  오늘날 우리가 《도덕경》으로 규정한 판본은 삼국시대 말기에 왕필(王弼)이 정리한 것으로, 이를 〈왕필본〉이라 부른다. 왕필은 위나라의 관리였는데, 어려서부터 천재로 불려 스무 살 안팎에 〈왕필본 노자도덕경〉을 완성했다. 24세에 요절했다.

| | |
|---|---|
| 有 있을 유 | |
| 道 도리 도 | **유도즉현** |
| 則 곧 즉 | 有道則見 |
| 見 나타날 현 | |

세상에 널리 도리가 행해지면 그때 비로소 세상에 나아가 활동한다는 말.

## 어지러운 세상에는 나가지 않는다는 다짐

공자께서 말씀하셨다. "성현들의 가르침에 대한 두터운 믿음을 가지고 배우기를 좋아하며 죽음으로써 선한 도(道)를 지켜야 한다. 위태로운 나라에는 들어가지 말고, 어지러운 나라에는 머물지 말아야 한다. 천하에 도가 행해지면 모습을 드러내고(有道則見), 도가 행해지지 않으면 조용히 숨어살아야 한다." 《논어(論語)》

해설    여기서의 '見'은 '보다'라는 뜻이 아니라 '나타나다'라는 의미의 '현'으로 읽는다.

# 육부출충
## 肉腐出蟲

肉 고기 육
腐 썩을 부
出 날 출
蟲 벌레 충

살이 썩어 벌레가 꾄다는 뜻. 세상사는 근본이 잘못되면 폐해가 계속 이어진다는 말.

## 근본이 썩으면 반드시 최악의 결과를 낳는다

나랏일이건 개인의 일이건 근본이 썩으면 그로 인해 빚어지는 온갖 폐단으로 인하여 살이 썩으면 벌레가 꾀듯 최악의 결과로 이어질 수밖에 없다.

《순자(荀子)》

해설　《순자》〈권학편(勸學編)〉에 나온다. 순자는 성악설을 주장한 철학자로, 사람을 그냥 내버려두면 자기의 이익만을 추구하기 때문에 반드시 교육이 필요하다고 생각했다. 또한 이해관계가 출동하여 싸움이 일어나기 때문에 예의로써 이를 억제하지 않으면 안 된다고 생각했다. '육부출충'은 이러한 그의 사상을 한 마디로 함축하는 말이라 하겠다.

以 써 이
貌 얼굴 모
取 취할 취
人 사람 인

# 이모취인
## 以貌取人

---

생김새만으로 사람을 판단하고 취함. 사람을 판단하면서 실력이나 품성은 보지 않고 용모만으로 정한다는 말.

---

### 생김새만으로 그 사람을 평하지 마라

자우(子羽)가 처음 가르침을 청하러 왔을 때, 공자는 그의 용모가 너무 볼품이 없어 재능을 의심했다. 하지만 후에 자우는 누구보다 학업에 힘써 숱한 제자 중에 으뜸가는 인물이 되었다. 그 뒤로 공자는 제자들에게 생김새만으로 인물됨을 평하는 일이 얼마나 위험한지를 여러 차례 강조했다. 《사기(史記)》

---

해설   공자의 제자는 무수히 많아 일일이 헤아릴 수가 없지만, 그중에서도 특히 유명한 제자로 자로(子路), 염유(冉有), 유약(有若), 안회(顏回), 중궁(仲弓), 자공(子貢), 자하(子夏), 자우(子羽), 증자(曾子) 등이 손꼽힌다.

# 절영지연
## 絶纓之宴

絶 끊을 절
纓 갓끈 영
之 어조사 지
宴 잔치 연

'갓끈을 끊고 즐기는 연회'라는 말로, 남의 허물을 관대하게 용서해주거나 어려운 일에서 구해주면 반드시 보답이 뒤따른다는 뜻.

## 오늘 저는 은혜를 갚은 것뿐입니다

초나라 장왕(莊王)이 연회를 베풀고 신하들과 즐거운 시간을 보내고 있었다. 연회가 무르익자 왕이 애첩을 불러 신하들의 시중을 들게 했는데, 갑자기 바람이 불어 연회장의 촛불이 모두 꺼져 버렸다. 그런데 그때 어둠 속에서 느닷없이 애첩이 비명을 질렀다. 왕이 무슨 일이냐고 묻자 애첩이 말했다.

"누군가 제 몸을 더듬는 자가 있어 그놈의 갓끈을 잡아 뜯었으니 불을 켜면 누군지 당장 가려낼 수 있을 것입니다." 하지만 왕은 불을 켜지 못하도록 명하고는 이렇게 말했다.

"모두 갓끈을 끊으시오. 오늘은 과인과 함께 즐겁게 마시는 날이니 갓끈을 끊지 않는 사람은 이 자리를 즐기지 않는 것으로 알겠소." 신하들은 모두 갓끈을 끊고 여흥을 다한 뒤에 연회를 마쳤다 (絶纓之宴).

3년 뒤, 초나라가 진나라와 전쟁을 치렀는데 한 장수가 선봉에 나서 죽기를 무릅쓰고 분투한 덕에 승리할 수 있었다. 왕이 그를 불러 공을 치하하자 그가 말했다. "저는 3년 전 연회 때 술에 취해 죽을죄를 지었으나 임금께서 용서해준 덕에 살아날 수 있었습니다. 오늘 저는 그 은혜를 갚은 것뿐입니다." 《설원(說苑)》

| | |
|---|---|
| 覆 뒤집힐 복<br>水 물 수<br>不 아닐 불<br>返 돌이킬 반<br>盆 동이 분 | # 복수불반분<br>覆水不返盆 |

한 번 엎질러진 물은 그릇에 다시 주워 담을 수 없음. 한 번 헤어진 부부는 다시 결합할 수 없음을 비유적으로 일컫는 말.

## 엎질러진 물은 다시 주워 담을 수 없다

강태공이라는 이름으로 잘 알려진 강상(姜尚)은 주나라 무왕을 도와 은나라를 멸망시키고 천하를 평정하는 데 큰 공을 세운 인물로, 후에 제나라의 제후로 봉해졌다. 그런데 그가 벼슬길에 오르기 전에 아내 마(馬) 씨가 남편이 학문에만 열중하고 가정을 등한시하는 데 화가 나서 가출해 버렸다.

그 뒤 강태공이 제나라의 제후가 되자 마 씨가 나타나 다시 거두어 달라고 하자 강태공이 물 한 동이를 길어오게 한 다음 땅바닥에 쏟고는 다시 담아 보라고 했다. 마 씨가 그러지 못하자 태공이 말했다. "그대는 이별했다가 다시 합칠 수 있다고 생각하겠지만 이미 엎질러진 물은 다시 주워 담을 수 없다(覆水定難水)." 《사기(史記)》

**동의어** 증이파의(甑已破矣)

# 가벽문천
## 呵壁問天

呵 꾸짖을 가
壁 바람벽 벽
問 물을 문
天 하늘 천

벽에 대고 꾸짖고 하늘에 대고 따진다는 말. 분한 마음에 속이 답답한 것을 벽과 하늘에 대고 푼다는 뜻.

## 분노의 마음을 벽과 하늘에 외치다

초나라의 굴원(屈原)은 벼슬자리에서 쫓겨난 후 천하를 주유하면서 올바른 정치가 행해지지 않음에도 자신의 힘이 미치지 못하는 현실을 안타까이 여겨 분노의 마음을 벽과 하늘을 보고 꾸짖어 풀었다는 고사에서 유래된 말이다.　　　　　　　〈초사(楚辭)〉

해설　굴원은 중국 전국시대 정치가이자 시인. 전국시대의 혼란기에 정치적 폐단을 없애는 개혁을 추구했지만 실패한 후, 추락하는 나라의 상황에 절망해 강물에 몸을 던졌다. 〈초사〉는 그의 대표작이며 그밖에도 〈이소(離騷)〉, 〈어부사(漁父辭)〉 등이 있다.

肝 간 간
膽 쓸개 담
相 서로 상
照 비칠 조

# 간담상조
肝膽相照

간과 쓸개를 꺼내 보일 만큼 속마음을 터놓고 지내는 사이. 친구 사이의 진정한 우정을 일컫는 말.

## 친구 사이의 진정한 우정

당나라 때 유종원(柳宗元)이 유주자사(柳州刺史)로 임명되었는데, 친구 유몽득(劉夢得)은 파주자사(播州刺史)로 가게 되었다. 그런데 파주는 외지고 몹시 궁벽한 변방이라 노모를 모시는 유몽득으로서는 도저히 명을 따를 수 없는 처지였다. 이에 유종원이 친구를 대신해서 파주로 가겠다고 청했다. 유종원이 죽은 후, 당시 최고 문인이자 학자인 한유(韓愈)가 그들의 우정에 감복하여 묘비명에 이렇게 적었다.

"어려운 일을 당했을 때 비로소 참된 절의가 나타나는 법이다. 평소에는 서로 간과 쓸개를 내보일 것처럼 하며(肝膽相照) 죽어서도 우정이 변치 말자고 맹세하지만 이해관계가 생기면 눈을 돌려 모르는 체하는 게 세상 인심이다."

**해설**　한유는 당나라를 대표하는 문장가이자 정치가로 당송 8대가의 한 사람이었다. 유종원과는 절친한 벗이었으며 함께 고문부흥(古文復興) 운동을 제창하는 등 학문에 힘썼다.

# 겸청즉명 편신즉암

## 兼聽則明 偏信則暗

| | |
|---|---|
| 兼 | 겸할 겸 |
| 聽 | 들을 청 |
| 則 | 곧 즉 |
| 明 | 밝을 명 |
| 偏 | 치우칠 편 |
| 信 | 믿을 신 |
| 暗 | 어두울 암 |

여러 사람의 의견을 고루 들으면 현명해지지만, 한쪽 의견에만 치우치면 아둔해진다는 말.

## 여러 사람의 의견을 고루 듣는 군주가 되기를

당나라 태종이 재상 위징(魏徵)에게 물었다. "어떻게 하면 현명한 임금이 되고 어떻게 하면 어리석은 임금이 되는가?" 이에 위징이 대답했다. "여러 사람의 의견을 고루 들으면 현명한 군주로 만인이 우러르지만 한쪽 의견에만 치우치면 만인의 외면을 받는 우둔한 군주가 됩니다."

《신당서(新唐書)》

해설　위징은 당 태종 이세민(李世民)을 불후의 군주로 만든 최고의 참모로, 직간으로 이름이 높았다. 오긍(吳兢)이 편찬한 《정관정요(貞觀政要)》는 당 태종과 위징을 비롯한 신하들과의 문답집으로 이후 동양의 여러 나라 제왕들이 탐독했다.

| | |
|---|---|
| 安 편안 안<br>不 아닐 불<br>忘 잊을 망<br>危 위태할 위 | # 안불망위<br>安不忘危 |

편안할 때일수록 위험한 때를 잊지 않음. 항상 스스로를 경계하여 언제 닥칠 지 모르는 곤경에 대처한다는 말.

## 태평할 때일수록 위기를 잊지 않는다

군자는 태평할 때에도 위기를 잊지 않고(安不忘危) 순탄할 때에도 멸망을 잊지 않으며, 잘 다스려지고 있을 때에도 혼란을 잊지 않는 다. 이렇게 함으로써 내 몸을 보전할 수 있고 가정과 나라를 온전 히 보전할 수 있다.

《주역(周易)》

**동의어** 거안사위(居安思危) 유비무환(有備無患)

**반의어** 망우보뢰(亡牛補牢), 사후약방문(死後藥方文)

**해설** 망우보뢰는 '소 잃고 외양간 고친다'는 속담과 같은 말이다. 사후약방문은 '죽은 다 음에 약 처방서'라는 말로 안불망위와는 반대되는 뜻을 가진 말이다.

# 상산사세
## 常山蛇勢

| | |
|---|---|
| 常 | 떳떳할 상 |
| 山 | 뫼 산 |
| 蛇 | 긴 뱀 사 |
| 勢 | 형세 세 |

상산의 긴 뱀과 같은 형세라는 뜻. 전쟁에서 전후좌우 진용(陣容)이 서로 합하고 응하여 빈틈이 없다는 뜻. 앞뒤가 잘 짜여 있는 완벽한 문장을 일컫는 말로도 쓰임.

### 기가 꺾인 나머지 우물쭈물하면 반드시 패한다

군사를 쓰는 데는 아홉 가지 방법이 있는데, 그 중에서 제일 마지막 방법을 사지(死地)라 한다. 이는 주저하지 않고 일어나서 싸우면 반드시 살 길이 있으나 기가 꺾인 나머지 우물쭈물하면 반드시 패하는 필사(必死)의 지(地)를 말한다.

이때 지혜롭고 유능한 장군의 용병술은 상산에 사는 솔연(率然)이라는 뱀처럼 행동한다(常山蛇勢). 머리가 두 개인 솔연은 머리를 치면 꼬리가 덤벼들고 꼬리를 치면 머리가 덤벼들며, 몸통을 치면 머리와 꼬리가 한꺼번에 덤벼든다.

《손자(孫子)》

| | |
|---|---|
| 無 없을 무 | |
| 友 벗 우 | |
| 不 아닐 불 | |
| 如 같을 여 | |
| 己 자기 기 | |
| 者 놈 자 | |

# 무우불여기자
## 無友不如己者

자기만 못한 사람은 벗으로 삼지 말아야 한다는 뜻.

---

### 나보다 못한 사람과 사귀지 마라

공자께서 말씀하셨다. "군자가 신중하지 않으면 위엄이 없고, 배
워도 견고하지 않게 된다. 충실과 신의를 중시하고, 자기보다 못한
자를 벗으로 사귀지 말며(無友不如己者), 잘못이 있으면 고치기를
꺼려하지 말아야 한다."

《논어(論語)》

---

**해설**  '잘못이 있으면 고치기를 꺼려하지 말라'는 말은 '과즉물탄개(過則勿憚改)'로 《논어》
에서도 가장 유명한 말의 하나이다. 사람은 누구나 잘못을 저지를 수 있지만, 그것
을 즉시 고치고 다시는 같은 잘못을 저지르지 않으면 된다는 충고의 말이다.

# 관견
## 管見

管 대롱 관
見 볼 견

붓 대롱을 통해 밖을 내다봄. 소견이 매우 좁다는 뜻.

## 우물 안 개구리처럼 소견이 매우 좁은 사람

춘추시대의 철학자로 장자의 선배인 위모(魏牟)와 궤변철학자 공손룡(公孫龍)의 문답에 '이것은 곧 붓 대롱으로 하늘을 보고 송곳으로 땅을 가리키는 일이니(用管闚天 用錐指地), 또한 작다 아니하겠는가'라는 구절에서 유래한 말이다.  《장자(莊子)》

동의어   정중지와(井中之蛙), 좌정관천(坐井觀天)

해설    동의어 '관중규표(管中窺豹)'는 대롱 구멍으로 표범을 보면 표범의 얼룩점 하나밖에 보이지 않으므로 표범이 무서운 짐승인 것으로 모른다는 뜻으로 견문과 학식이 좁음을 이르는 말이다.

君 임금 군
臣 신하 신
水 물 수
魚 물고기 어

# 군신수어
## 君臣水魚

임금과 신하가 물과 물고기처럼 서로 떨어질 수 없는 매우 친밀한 관계를 일컫는 말.

## 물과 물고기처럼 서로 떨어질 수 없는 사이

조조가 대륙의 강북지역을 평정하고 손권이 강동지역에서 막강 세력을 키워나갈 때, 유비만은 아직 근거지를 확보하지 못하고 지리멸렬한 상태에 빠져 있었다. 유비에게는 관우와 장비 같은 용맹한 장수는 있었지만 군사전략을 짜는 탁월한 군사(軍士)가 없었기 때문이다.

그런 유비에게 제갈량 같은 인재가 나타났으니 그의 기쁨은 대단했다. 제갈량에 대한 유비의 편애가 지나치자 관우와 장비의 불만은 대단했다. 그러자 유비가 그들에게 이렇게 말했다. "나에게 제갈량은 물고기에게 물이 있는 것과 같으니 두 말 없기 바란다."

《삼국지(三國志)》

**동의어**　관포지교(管鮑之交), 단금지교(斷金之交), 어수지친(水魚之親)

**해설**　유비와 제갈량이 처음 만났을 때, 제갈량은 27세로 유비보다 20세나 어렸지만 유비는 그를 윗사람 대하듯이 성심껏 모셨다. 이후 유비는 제갈량의 도움을 받아 대륙을 삼분하는 막강 세력으로 성장할 수 있었다.

# 궁당익견
## 窮當益堅

窮 궁할 궁
當 맡을 당
益 더할 익
堅 굳을 견

노령에도 젊은이처럼 패기가 넘치고 오히려 굳건함.

---

### 늙은 장수의 패기 넘친 승리

후한 때 오랑캐들이 반란을 일으키자 광무제(光武帝)가 당장 군대를 파견했지만 제대로 싸워 보지도 못하고 전멸하고 말았다. 이에 장수 마원(馬援)이 자청하여 전쟁터에 나가겠다고 하자 광무제는 그가 예순을 넘긴 고령이라 주저했다.

그러자 마원이 말했다. "소신이 비록 늙었지만 갑옷을 입고 말도 탈 수 있으니 능히 적을 물리칠 수 있습니다." 결국 마원은 대장군에 임명되어 젊은 장수처럼 굳세고 패기 넘치게 전쟁에 임해(窮當益堅) 흉노족을 토벌하는 공을 세웠다.　　　　　《후한서(後漢書)》

해설　나이가 많음에도 불구하고 젊은이 이상으로 뛰어난 역량을 발휘하는 노인들을 노익장(老益壯)이라 부른다. 고대중국의 장수들은 나이가 많아도 전쟁터를 누비며 평생을 활약하다 장렬하게 전사하는 것을 영광으로 여기는 사람들이 많았다.

| | |
|---|---|
| 男 사내 남<br>兒 아이 아<br>須 모름지기 수<br>讀 읽을 독<br>五 다섯 오<br>車 수레 거<br>書 글 서 | # 남아수독오거서<br>男兒須讀五車書 |

남자라면 다섯 수레에 실을 만큼의 책을 읽어야 한다. 독서를 권장하는 유명한 말이다.

## 남자라면 다섯 수레의 책을 읽어라

부귀는 필히 부지런함과 고생의 결과로 얻을 수 있는 것이니 남자라면 모름지기 다섯 수레의 책을 읽어야 한다(男兒須讀五車書).

《두공부집(杜工部集)》

해설  《두공부집》을 남긴 두보(杜甫)는 당나라 시인이자 정치가로 시성(詩聖)이라 불리는 중국 최고의 시인이다. 이백(李白)과 쌍벽을 이루는 인물로 중국은 물론 동아시아 일대의 지식인 사회에 큰 영향을 끼쳤다. 《두공부집》 외에 《병거행(兵車行)》, 《여인행(麗人行)》 등의 작품이 있다.

# 독서상우
## 讀書尙友

讀 읽을 독
書 글 서
尙 오히려 상
友 벗 우

독서를 통해 옛날의 현인들과 벗이 될 수 있다는 말.

## 옛 사람의 시나 글을 읽으면 된다

마을에서 가장 선한 선비라야 그만큼 선한 선비를 벗할 수 있고, 나라에서 가장 선한 선비라야 그 정도로 선한 선비를 벗할 수 있으며, 천하에서 가장 선한 선비라야 그만한 선한 선비를 벗할 수 있다. 천하에서 제일 선한 선비를 벗하는데 만족하지 못하면 옛 사람의 시나 글을 읽으면 되는데, 이것이 바로 옛 사람을 벗하는 일이다(讀書尙友).

《맹자(孟子)》

해설  《맹자》〈만장 하(萬章 下)〉에 나온다. 책을 통해 옛 사람들의 지혜를 만난다는 독서의 본질을 잘 설명하고 있다. 고대 중국에서는 기록 수단이 마땅치 않아 대나무나 비단, 옷감에 기록했는데 이마저도 접근이 어려워 책이 엄청나게 귀했다. 그럼에도 사람들은 어떻게든 책을 구해 읽고 또 읽으며 체화해 나갔다.

| | |
|---|---|
| 一 한 일 | |
| 葉 잎 엽 | |
| 落 떨어질 락 | |
| 天 하늘 천 | |
| 下 아래 하 | |
| 知 알 지 | |
| 秋 가을 추 | |

# 일엽락 천하지추
## 一葉落 天下知秋

하나의 나뭇잎이 떨어지는 것을 보고 천하에 가을이 왔음을 안다는 뜻. 하찮은 조짐을 보고도 앞으로 일어날 일을 짐작할 수 있다는 말.

## 작은 것 하나에서 미래의 일을 알게 되다

하나의 낙엽이 지는 것을 보고 한 해가 저무는 것을 알고, 항아리 속 얼음을 보고 천하의 추위를 안다. 이렇듯이 가까운 것으로써 먼 것을 알 수 있다.

《회남자(淮南子)》

**해설** 가까운 것을 보고 먼 것을 알아내는 이치에 대한 지혜의 말이고, 작은 것을 가지고 큰 것을 밝히는 말이기도 하다. 오동나무 잎이 하나 떨어지는 것을 보면 가을이 깊어져 해가 저물어 감을 안다는 말도 있다. 세상의 이치는 먼 데 있는 것이 아니라 가까운 곳에서 찾아볼 수 있음을 가르쳐주는 명언이다.

# 장자만등
### 長者萬燈

長 길 장
者 놈 자
萬 일만 만
燈 등 등

부자가 부처에게 만 개의 등을 바쳐도, 그 공덕은 가난한 사람이 바치는 등 하나에 미치지 못한다는 뜻.

## 부자들이 저마다 신분에 맞는 공양을 해도

석가모니가 사위국(舍衛國)의 한 사찰에 머물고 있을 때, 왕을 비롯한 많은 사람들이 찾아와 저마다 신분에 맞는 공양을 했다. 그 광경을 멀리서 지켜본 가난한 여인이 자신은 아무런 공양도 할 수 없음을 한탄하다가 온종일 구걸해서 모은 돈을 들고 기름집으로 갔다.

난타(難陀)라는 이름의 그 여인은 그렇게 구한 기름으로 등을 하나 만들어 석가에게 바쳤다. 그런데 수많은 등불 속에서 난타가 바친 등불만은 새벽까지 남아 밝게 타오르고 있었다. 나중에 석가는 난타의 정성을 알고 비구니로 받아들였다. 《현우경(賢愚經)》

반의어  빈자일등(貧者一燈)

해설  《현우경》은 위나라의 혜각(慧覺) 등이 성현과 범부의 인연과 사적을 모아 엮은 불교의 경서이다.

易 바꿀 역
子 아들 자
敎 가르칠 교
之 어조사 지

# 역자교지
易子敎之

부자지간에는 꾸짖기 어려워 나의 자식과 남의 자식을 바꾸어 교육한다는 말.

---

### 부자지간에도 잘못한다고 책망하면 멀어지게 된다

공자는 하나밖에 없는 아들을 직접 가르치지 않고 따로 스승을 두었다. 이를 두고 공손추가 맹자에게 까닭을 묻자, 맹자가 이렇게 대답했다.

"스승은 본디 바르게 되라고 가르치는 것인데, 만일 그대로 실행하지 않으면 노여움이 따르게 되고 부자지간이라면 마음이 상하게 된다. 부자지간에 서로 잘못한다고 책망하면 멀어지게 되고, 그러면 불행한 일이 아니겠는가? 그래서 옛날 사람들은 서로 자식을 바꾸어 가르쳤다(易子而敎之)."

《맹자(孟子)》

해설　《논어》〈계씨편(季氏篇)〉에는 과정지훈(過庭之訓)이라는 말이 나온다. "공자는 아들 백어(伯魚)를 가르칠 때, 자식이라고 해서 특별히 편애하여 따로 교육을 시키지 않았다. 그저 뜰을 지나다 아들에게 몇 마디 가르침을 주곤 했는데(過庭之訓), 그러면 백어는 아버지의 말씀을 따랐을 뿐이다."

# 방약무인
## 傍若無人

傍 곁 방
若 같을 약
無 없을 무
人 사람 인

주변에 아무도 없는 것처럼 여긴다는 말. 주위를 의식하지 않고 제멋대로 행동한다는 뜻.

## 주위를 의식하지 않고 제멋대로 행동하다

위나라의 형가(荊軻)는 문무를 겸비한 호걸이었으나 벼슬에 나가지 못하고 오랫동안 낭인생활을 했다. 그의 친구 중에 연나라 사람 고점리(高漸離)는 비파의 명인이었는데, 두 사람은 자주 만나 술판을 벌이곤 했다.

그러다 취기가 돌면 고점리는 비파를 켜고, 형가는 춤을 추며 고성방가를 했다. 그러다가 감정이 복받치면 둘이 얼싸안고 울고 웃었는데, 그런 때 두 사람의 모습은 마치 주변에 아무도 없는 것처럼 보였다(傍若無人). 후에 형가는 진시황제 암살을 시도했다가 실패하고 죽임을 당했다.

《사기(史記)》

해설　형가는 전국시대 위(衛)나라의 자객으로, 연(燕)나라 태자 단(丹)을 위해 진시황을 죽이려다 실패하여 살해되었다. 《사기》〈자객열전〉이나 《십팔사략》에 그와 관련된 이야기가 남아 있다.

| | |
|---|---|
| 伯 맏 백 | |
| 樂 즐길 락 | # 백락일고 |
| 一 한 일 | 伯樂一顧 |
| 顧 돌아볼 고 | |

아무리 뛰어난 인재라도 알아주는 사람이 있어야 능력을 발휘할 수 있다는 뜻. 훌륭한 사람으로부터 인정받는 것을 일컫는 말.

## 단지 눈길을 한 번 주었다는 이유로

주나라의 백락(伯樂)은 명마 감정의 달인으로 유명해서 아무리 명마라도 그로부터 인정받지 못하면 가치가 떨어질 정도였다. 하루는 어떤 사람이 말을 팔려고 시장에 내놓았지만 쉽게 팔리지 않자 백락에게 한 번만 봐달라고 부탁했다.

이에 백락이 한 번 돌아보았을 뿐인데(伯樂一顧), 단지 그가 눈길을 주었다는 이유 하나만으로도 갑자기 값이 열 배나 뛰었다.

**해설** 백락은 진나라 사람으로 원래 이름은 손양(孫陽)이다. 대궐에서 말을 관리하는 일을 맡았는데, 명마를 알아보는 감식안이 있어 명성이 자자했다. 한 번은 비쩍 마른 말이 힘들게 소금가마를 끌고 있는 걸 보고 즉시 달려가 끌어안고 울었다. 소금가마를 끌고 있는 말이 최고의 명마였던 것이다.

# 지갈지계
## 止渴之計

止 그칠 지
渴 목마를 갈
之 어조사 지
計 꾀할 계

갈증을 멈추게 하는 꾀라는 뜻. 임시변통의 꾀를 말함.

## 입 안에 침이 돌아 잠시나마 갈증을 잊다

조조의 군대가 장수 지역을 정벌할 때 행군 도중에 물이 떨어져 고통이 심했다. 이에 조조가 병사들에게 말했다. "저 앞에 매실나무 숲이 있는데, 그 매실은 매우 시고도 달아 목을 축이기에 충분할 것이다. 그러니 잠시만 참아라!" 이 말에 병사들은 매실의 신맛을 생각하고 입 안에 침이 돌아 잠시나마 갈증을 잊을 수 있었다.

《세설신어(世說新語)》

해설  조조를 꾀가 많은 영웅이라는 뜻의 '간웅(奸雄)'이라 불리는 이유를 여기서도 알 수 있다. 뛰어난 시인이기도 해서 시문, 그림, 노래 등 풍류에도 매우 탁월해 당대 최고의 시인이라는 말을 들었다. 《손자병법》 전문에 남기는 주석 작업을 하기도 했다.

| | |
|---|---|
| 千 | 일천 천 |
| 人 | 사람 인 |
| 所 | 바 소 |
| 指 | 손가락 지 |
| 無 | 없을 무 |
| 病 | 병 병 |
| 而 | 말 이을 이 |
| 死 | 죽을 사 |

# 천인소지 무병이사
## 千人所指 無病而死

여러 사람으로부터 손가락질을 받으면 병을 앓지 않아도 죽게 된다는 말.

## 많은 사람들에게 지탄을 받으면

많은 사람에게 손가락질을 당하며 지탄을 받으면 병이 없어도 죽게 된다. 남에게 원한을 사는 행동을 하면 하늘이 용서하지 않기 때문이다.

《한서(漢書)》

**해설** 《한서》는 반고(班固)가 편찬한 전한의 기전체 역사서로, 중국에서 정사(正史)로 인정 받는 24종의 역사서에 포함되는 귀중한 책이다. 다루는 시대는 한고조 유방이 전 한을 창건한 기원전 206년부터 왕망의 신나라가 망한 24년까지로, 총 100편 120 권으로 구성된다. 자료가 풍부하고 사실(史實)이 정확해서 《사기》와 함께 정사의 모 범이라는 평가를 받는다.

# 불초
## 不肖

不 아닐 불
肖 닮을 초

아버지를 닮지 않아 매우 어리석다는 뜻. 자식이 어버이에 대해 자기 존재를 낮추어 일컫는 말.

## 부모님을 닮지 못해 못나고 모자라다

태평성대를 이루었던 요임금이나 순임금에 비해 군주가 될 재목이 안 되었던 아들들을 평가하면서, 맹자가 말했다. "요임금의 아들은 불초하고, 순임금의 아들 역시 불초하다."

《맹자(孟子)》

**해설**　불초소생(不肖小生)은 '자식이 훌륭하신 부모님을 닮지 못해 못나고 모자라다'는 뜻이다. 아버지를 높이 생각하면서 자신의 부족함을 담고 있는 겸손의 말이다.

| | |
|---|---|
| 貧 가난할 빈 | |
| 賤 천할 천 | |
| 之 어조사 지 | # 빈천지교불가망 |
| 交 사귈 교 | 貧賤之交不可忘 |
| 不 아닐 불 | |
| 可 좋을 가 | |
| 忘 잊을 망 | |

가난하고 비천한 지위에 있을 때의 사귐을 평생 잊어서는 안 된다는 뜻.

## 가난할 때 사귄 벗, 빈곤할 때 함께 고생한 아내

후한 광무제 때 대사공 벼슬에 오른 송홍(宋弘)은 온후하고 강직한 인물이었다. 광무제에게는 과부가 된 공주가 있었는데, 신하 중에 누구를 마음에 두고 있는지 묻자 송홍을 지목했다. 광무제가 송홍을 불러 이런 뜻을 전하자, 그가 이렇게 답하며 정중히 거절했다.

"신은 가난하고 빈천한 때 사귄 벗은 잊으면 안 되고(貧賤之交不可忘), 지게미와 쌀겨를 먹으며 고생한 아내는 쫓아내면 안 된다(糟糠之妻不下堂)고 들었습니다."

《후한서(後漢書)》

---

**해설**    문장에 나오는 '지게미와 쌀겨를 먹으며 고생한 아내'는 오늘날에도 많이 쓰는 '조
강지처(糟糠之妻)'를 뜻한다. 어렵고 힘든 시절을 함께 한 아내를 절대 소홀히 하지
말라는 가르침이 담겨 있는 말이다.

# 우도할계

## 牛刀割鷄

牛 소 우
刀 칼 도
割 벨 할
鷄 닭 계

소 잡는 칼로 닭을 잡는다는 뜻. 작은 일을 처리하면서 지나치게 큰 기구를 사용하는 어리석음을 일컫는 말.

## 닭을 잡는 데 어찌 소 잡는 칼을 쓰랴?

공자께서 자유(子游)가 다스리고 있는 무성(武城)에 가서 현악기를 연주하며 노래를 부르는 것을 듣고는 빙그레 웃으며 말씀하셨다.

"닭을 잡는 데 어찌 소 잡는 칼을 쓰느냐(割鷄焉用牛刀)?" 자유가 말했다.

"예전에 제가 스승님께 듣기로는 군자가 도를 배우면 남을 사랑하고, 소인이 도를 배우면 부리기 쉽다고 하셨습니다." 공자께서 말씀하셨다.

"제자들아, 자유의 말이 옳다. 방금 한 말은 농담이었다." 《논어(論語)》

**해설**　《논어》〈양화편(陽貨篇)〉에 나온다. 공자가 제자에게 이렇게 말한 이유는 '이처럼 작은 고을을 다스리는데 무슨 예악(禮樂)이 필요한가?'라는 의미지만, 역으로 자유가 나라를 다스릴 만한 인재인데도 이렇게 작은 읍에서 일하는 것에 대한 안타까움이 배어 있는 말이기도 하다.

觀 볼 관
過 허물 과
知 알 지
仁 어질 인

# 관과지인
觀過知仁

어짊(仁)과 어질지 않음(不仁)은 그가 저지른 잘못을 보면 금방 알 수 있다는 말.

---

## 과오를 보면 인과 불인을 알 수 있다

공자께서 말씀하셨다. "군자의 과오는 관대함에서 나오고, 소인의 과오는 잔인함에서 나오는 것이다. 과오를 보면 인(仁)과 불인(不仁)을 금세 알 수 있다."

《논어(論語)》

---

**해설**    후한(後漢) 때 청렴결백하기로 유명한 오우(吳祐)가 정승으로 일하고 있을 때였다. 하급관리 손성(孫性)이 아버지에게 옷을 한 벌 마련해주려고 백성들에게 조금씩 세금을 더 거두어 옷을 마련했다. 이 사실을 안 아버지는 아들에게 즉시 옷을 오우에게 반납하고, 그에 맞는 벌을 받도록 했다. 이때 오우는 이를 두고 '관과지인(觀過知仁)'이라고 하고는 옷을 다시 부친에게 갖다 드리도록 했다.

# 속초지기
## 續貂之譏

續 이을 속
貂 담비 초
之 어조사 지
譏 비웃을 기

담비 꼬리가 모자라 개의 꼬리로 잇는다는 뜻. 자질이 부족한 자를 관리에 등용하는 것을 비웃는 말.

## 담비 꼬리와 개꼬리

위나라가 멸망하고 사마염(司馬炎)이 진(晉)나라를 세웠지만 나라는 계속 혼란스러웠다. 이런 혼란을 틈타 왕위를 찬탈한 사마륜(司馬倫)이 친척과 친구는 물론이고 심지어 노비와 시종들에게까지 관직을 마구 나눠주며 온갖 횡포를 부렸다.

당시엔 관리들이 쓰는 모자에 담비 꼬리를 장식했는데, 새로 관리가 되는 사람들이 너무 늘어나는 바람에 담비 꼬리가 모자라게 되자 모양이 비슷한 개꼬리로 대신하게 되었다.

이에 사람들은 담비가 모자라니 개꼬리로 이어 붙이고 거들먹거린다며 비웃었다. 못된 권력자의 잘못된 행태를 비웃는 말이다. 사마륜은 얼마 후 신하들의 반란에 죽임을 당하고 만다. 《진서(晉書)》

동의어    구미속초(狗尾續貂)

噲 목구멍 쾌
伍 대오 오

# 쾌오
噲伍

어떤 인물을 친구로 사귀는 것을 부끄럽게 여긴다는 말.

## 그런 인간과 나란한 위치에 있다니

한나라의 명장 한신이 미천하고 무식한 번쾌 같은 장수와 어깨를 나란히 하게 됨을 탄식한 데서 유래된 말이다. 한신은 원래 초나라 항우를 섬기는 장수였지만 유방을 모시는 소하에게 인정을 받아 한나라군의 최고사령관이 되었다.

한편 번쾌는 원래 개고기를 파는 미천한 신분이었지만 유방의 거병에 참여하여 용맹을 떨쳤고, 특히 유방이 항우에게 암살을 당할 위기에 처했을 때 극적으로 구해주어 절대적인 신임을 얻었다. 무관으로서 자존심이 강했던 한신은 유방으로부터 번쾌와 대등한 대접을 받는 사실을 항상 못마땅하게 여겼다. 《사기(史記)》

# 제3장

# 예禮,

## 열 사람의 눈과
## 손이 나를 가리키고 있다

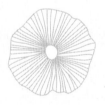

# 대지여우
## 大智如愚

大 큰 대
智 지혜 지
如 같을 여
愚 어리석을 우

지혜가 많은 사람은 함부로 나대지 않기에 언뜻 보면 어리석은 사람처럼 부족해 보인다는 뜻.

## 용기를 지닌 자는 오히려 겁쟁이처럼 보인다

진정한 용기를 지닌 자는 오히려 겁쟁이처럼 보이고, 지혜가 많은 자는 얼핏 보면 어리석게 보인다(大勇若怯 大智如愚).

**동의어** 대교약졸(大巧若拙), 대지약우(大智若愚)

**해설** 송나라 천재시인 소식(蘇軾)의 〈구양수가 벼슬살이를 오르는 것을 축하함(賀歐陽少師致仕啓)〉이라는 시에 나오는 말이다. 흔히 소동파(蘇東坡)로 불리는 소식은 송나라의 문인으로 시(詩), 사(詞), 서예(書藝)에 능했으며 당송팔대가 중의 한 사람이다.

刻 새길 각
鵠 고니 곡
類 닮을 류(유)
鶩 집오리 목

# 각곡유목
## 刻鵠類鶩

고니를 그리려다 실패해도 집오리와 비슷하게는 된다는 뜻.

## 뛰어난 인물을 본받아 배우다 보면

이 말은 두 가지 상반된 뜻으로 쓰인다. 첫째는 너무 수준 높은 것만 추구하다 이루지 못하고 웃음거리가 되거나 혹은 서투른 솜씨로 흉내 내려다 아무것도 안 되는 것을 비유하여 이르는 말이다. 둘째는, 성현의 글을 배움에 있어 완전히 익히지는 못하더라도 노력하다 보면 최소한의 경지에는 오를 수 있다는 뜻이다. 뛰어난 인물을 본받아 배우면 나름의 보람이 있다는 뜻으로 쓰인다.

**해설**  유사한 의미를 가진 '화호유구(畵虎類狗)'는 조금 다른 의미로 쓰인다. 범을 그리려다가 강아지를 그린다는 뜻으로, 서투른 솜씨로 어렵고 특수한 일을 하려다가 도리어 잘못됨을 비유적으로 이르는 말이다.

# 감명자진 구불능매
## 鑑明者塵 垢弗能埋

鑑 거울 감
明 밝을 명
者 놈 자
塵 티끌 진
垢 때 구
弗 아닐 불
能 능할 능
埋 감출 매

거울이 깨끗하면 티끌과 때가 끼지 않는다는 말.

## 맑고 깨끗한 거울 같은 마음으로 살면

맑은 거울이 모든 것을 저절로 환히 비추듯이 사람의 마음도 밝으면 바른 도리를 저절로 얻게 된다. 인간으로서의 바른 도리는 억지로 배워서 되는 것이 아니라 먼저 마음을 밝게 하는 자세가 앞서야 한다는 뜻이다. 마음가짐을 바로 하는 것이 세상을 살아가는 첫번째 태도임을 항상 잊지 말라는 가르침이다. 《회남자(淮南子)》

해설　《회남자》는 전한의 회남왕 때 유안(劉安)이 편찬한 일종의 백과사전으로 총 21권이다. 《여씨춘추》와 함께 제자백가 중 잡가(雜家)의 대표작으로 형이상학, 우주론, 국가정치, 행위규범에 대한 내용을 다루었다.

黔 검을 검
驢 당나귀 려
之 어조사 지
技 재주 기

# 검려지기
## 黔驢之技

검주 땅의 당나귀가 가진 보잘것없는 재주라는 말. 자신의 재주가 형편없다는 걸 모르고 함부로 우쭐대다가 화를 자초한다는 뜻.

## 난생 처음 당나귀를 보고 놀란 호랑이

중국 대륙의 북쪽에 있는 검주(黔州)라는 땅에서 난생 처음 당나귀를 본 호랑이가 처음엔 자기보다 체구가 큰 것에 놀라 겁을 먹었지만 몇 차례 시험을 해본 결과 보잘것없는 재주밖에 없다는 걸 알고는 당장 잡아먹었다는 우화에서 비롯된 말이다.

# 십목소시
## 十目所視

| | |
|---|---|
| 十 | 열십 |
| 目 | 눈목 |
| 所 | 바소 |
| 視 | 볼시 |

열 사람의 눈이 보고 있음. 세상 사람의 눈은 결코 속일 수 없다는 뜻.

## 열 사람의 눈과 손이 나를 가리키고 있다

증자가 말했다. "열 사람의 눈이 바라보고(十目所視) 열 개의 손가락이 가리키니, 그 엄중함이여." 열 사람의 시선뿐만 아니라 혼자 있을 때조차도 스스로 행동을 조심해야 한다는 의미를 담고 있는 문장이다.

《대학(大學)》

---

**해설** 혼자 있을 때도 스스로 행동을 조심하는 태도를 '신독(愼獨)'이라 한다. 남이 보지 않는 곳에 혼자 있을 때에도 도리에 어긋나지 않도록 조심하여 말과 행동을 삼간다는 뜻으로, 군자가 항상 지녀야 할 자세로 여겼다.

| | |
|---|---|
| 曲 가락 곡<br>高 높을 고<br>和 화할 화<br>寡 적을 과 | # 곡고화과<br>曲高和寡 |

곡조가 높을수록 화답하는 사람이 적다는 말. 사람의 재능이 너무 뛰어나면 따르는 무리가 적다는 뜻.

## 봉황의 뜻을 알지 못하는 참새들에게

초나라의 송옥(宋玉)은 굴원과 함께 당대 최고의 문인으로 손꼽혔는데, 문장이 너무 난해하여 제대로 이해하기 어려웠기에 그의 글을 좋아하고 칭찬하는 사람이 드물었다.

어느 날 왕이 그에게 이런 사정에 대해 묻자, 그가 대답했다. "봉황은 푸른 하늘을 등지고 구름 위를 나는데, 동네 울타리를 날아다니는 참새가 어찌 하늘의 높음을 알겠습니까? 노래가 어려우면 따라 부르는 사람이 적은 법이니(曲高和寡) 어찌 선비 중에도 그런 경우가 없겠습니까?"

《문선(文選)》

---

해설　《문선》은 남북조시대에 양(梁)나라의 소명태자(昭明太子)가 편찬한 시문선집(詩文選集). 중국 고전문학을 연구하는 자들에게는 필독서로 꼽히고 있다.

# 고촉이명자전
膏燭以明自煎

| | |
|---|---|
| 膏 | 기름 고 |
| 燭 | 촛불 촉 |
| 以 | 써 이 |
| 明 | 밝을 명 |
| 自 | 스스로 자 |
| 煎 | 달일 전 |

초가 스스로를 태워 소멸하듯 자신의 재주로 인해 재앙을 자초함.

## 자신의 뛰어난 재능 탓에 도리어 화를 입다

진(晉)나라의 시인이자 죽림칠현(竹林七賢)의 한 사람이었던 완적(阮籍)의 시에 등장하는 '고화자전(膏火自煎)'에서 유래한 말로, 기름불이 스스로 기름을 태워 불을 밝히다가 끝내 소멸하듯이 자신의 뛰어난 재능 때문에 도리어 화를 입는 경우를 일컫는다.

말을 잘하는 사람이 자신의 말 때문에 화를 입거나 싸움에 능한 장수가 그 과격함 때문에 적을 많이 만들어 패망하는 경우가 흔한 것을 빗댄 말이다.

**해설**  죽림칠현은 위나라 말기의 실세였던 사마씨 일족들이 국정을 장악하자 이에 등을 돌리고 노장(老莊)의 무위자연 사상에 심취하며 대나무 숲속에서 지냈던 지식인들을 일컫는다. 당시 사회를 풍자하는 작품을 남기며 방관자적인 입장을 취했다. 산도(山濤), 왕융(王戎), 유영(劉伶), 완적(阮籍), 완함(阮咸), 혜강(嵇康), 상수(尙秀)가 이에 해당한다.

母 어머니 모
猿 원숭이 원
斷 끊을 단
腸 창자 장

# 모원단장
母猿斷腸

어미원숭이의 창자가 끊어지는 것 같은 슬픔. 줄여서 단장(斷腸)을 많이 씀.

## 자식을 빼앗긴 어미원숭이의 마음

진나라 환온(桓溫)이 촉나라를 정벌하러 갔을 때, 한 병사가 새끼 원숭이 한 마리를 사로잡았다. 그런데 원숭이의 어미가 정벌군이 타고 있는 배를 백여 리나 뒤따라오며 슬피 울었다. 그러다 배가 강어귀가 좁아지는 곳에 이르자 어미원숭이가 몸을 날려 배 위로 뛰어올랐다가 너무 지친 나머지 죽고 말았다.

병사들이 죽은 어미원숭이의 배를 가르자 창자가 토막토막 끊어 져 있었다(母猿斷腸). 자식을 잃은 슬픔 때문에 창자가 끊어진 것 이다. 이를 안타깝게 여긴 환온은 어미원숭이를 후하게 장사지내 고, 새끼원숭이를 잡아온 병사를 엄히 다스렸다.

《세설신어(世說新語)》

---

동의어 　단장(斷腸)

해설 　《세설신어》는 남북조시대 송나라 출신 유의경(劉義慶)이 편찬한 것으로 후한 말부 터 동진까지의 문인, 학자, 승려, 제왕 등의 일화를 모은 책. 후대에 세설체 문학이 라는 범주가 생길 정도로 큰 영향을 끼쳤다.

# 백미
## 白眉

白 흰 백
眉 눈썹 미

여럿 가운데 가장 뛰어난 사람이나 작품을 일컫는 말.

## 다섯 형제 중에서 제일 뛰어난 인물

제갈량에게 마량(馬良)이라는 친한 벗이 있었는데, 그에게는 다섯 명의 형제가 있었다. 그들 형제는 하나같이 재주가 출중해서 사람들의 칭송이 자자했다. 다섯 형제는 모두 자(字)에 '상(常)'이 들어 있기 때문에 세상 사람들은 그들을 가리켜 마가오상(馬家伍常)이라 불렀다.

그들 형제 중에서 단연 돋보이는 인물은 마량으로, 사람들은 그가 어려서부터 눈썹이 희다는 뜻에서 '마씨 다섯 형제 중에 흰 눈썹이 제일 훌륭하다(馬家伍常 白眉最良)'고 했다. 여기서 나온 말이 바로 백미(白眉)로 여럿 가운데 가장 뛰어난 것을 가리킨다. 읍참마속(泣斬馬謖)이라는 고사성어의 주인공인 마속이 마가오상 중에 막내였다.

《삼국지(三國志)》

동의어  군계일학(群鷄一鶴), 압권(壓卷), 출중(出衆)

連 잇닿을 련(연)
城 성 성
之 어조사 지
寶 보배 보

# 연성지보
## 連城之寶

어떤 물건의 가치가 여러 성을 합할 만큼 중하다는 말.

## 15개의 성과 맞바꿀만한 보물

약소국인 조나라의 혜문왕이 화씨벽(和氏璧)이라는 보물을 손에 넣자 이를 탐낸 강대국인 진나라 소왕이 15개의 성을 내줄 테니 화씨벽과 맞바꾸자고 제안했다. 보물만 빼앗고 성은 내줄 생각이 없다는 속셈을 알았지만, 혜문왕은 이를 거절했다가는 강대국의 미움을 사게 될까 봐 걱정했다.

이때 책사 인상여(藺相如)가 말했다. "제가 화씨벽을 갖고 가서 소왕이 약속을 지키면 옥을 내주고, 그렇지 않으면 반드시 온전히 보존하여 돌아오겠습니다." 진나라로 간 인상여는 소왕이 약속을 지키려 하지 않는다는 걸 확인하고는 약속을 지키지 않으면 당장 화씨벽을 부숴버리고 자신도 자결하겠다고 소리쳤다.

소왕은 벽옥이 훼손될까 두려워 성을 내주겠노라고 했지만 여전히 약속을 지킬 생각이 없었다. 이에 인상여는 닷새 내로 약속을 지키면 화씨벽을 주겠다고 말하고는 은밀히 사람을 시켜 화씨벽을 조나라로 돌려보냈고, 음모가 들통이 난 소왕은 다시는 화씨벽 이야기를 꺼내지 않았다. 《사기(史記)》

# 모사재인 성사재천
### 謀事在人 成事在天

| | |
|---|---|
| 謀 | 꾀 모 |
| 事 | 일 사 |
| 在 | 있을 재 |
| 人 | 사람 인 |
| 成 | 이룰 성 |
| 天 | 하늘 천 |

일이 되고 안 됨은 하늘의 뜻에 달려 있다는 뜻.

## 계략은 사람이 꾸미고, 일은 하늘이 이루게 한다

촉나라의 제갈량이 위나라의 사마의(司馬懿)가 이끄는 군대를 호로곡으로 유인하여 화공(火攻)으로 몰살시키려는 작전을 시작하려는 찰나, 갑자기 폭우가 쏟아지는 바람에 모든 것이 수포로 돌아가고 말았다. 이에 제갈량은 '계략을 꾸미는 것은 사람이지만, 일을 이루게 하는 것은 하늘이다(謀事在人 成事在天)'라며 탄식했다.

《삼국지연의(三國志演義)》

해설 《삼국지》는 서진의 역사학자 진수(陳壽)가 편찬한 정식 역사책이다. 반면에 《삼국지연의》는 명나라의 나관중(羅貫中)이 집필한 역사소설 형식의 글이다. '연의'는 사물을 조리 있고 알기 쉽게 설명한다'는 뜻으로, 한 마디로 픽션이 가미된 소설책이라는 의미이다.

驕 교만할 교
兵 병사 병
必 반드시 필
敗 패할 패

# 교병필패
驕兵必敗

교만한 군대는 반드시 패한다는 말.

## 적을 가벼이 여기는 것은 패배와 직결된다

적을 가벼이 여기는 것보다 더 큰 재앙은 없다. 적을 가벼이 여기는 것은 패배와 직결된다. 그러므로 거병하여 서로 싸울 때는 마음의 다짐을 단단히 해야 한다.　　　　　《노자도덕경(老子道德經)》

**동의어**　경적필패(輕敵必敗)

**해설**　전국시대에는 서로 물고 물리는 난타전이 쉴 새 없이 벌어졌다. 어제까지 약소국이던 나라가 다른 나라와 연합하여 그동안 자신을 괴롭혀 왔던 강대국을 치는 일도 비일비재했는데, 이때 강대국이 패퇴하는 이유는 단 하나였다. 적을 얕잡아 보다가 어이없이 무너지는 것이다.

# 문일지십
## 聞一知十

聞 들을 문
一 한 일
知 알 지
十 열 십

하나를 들으면 열을 미루어 앎. 매우 총명하다는 뜻.

## 하나를 듣고 열을 알다

공자가 제자 자공에게 물었다. "너와 안회 가운데 누가 더 낫다고 생각하느냐?" 이에 자공이 대답했다. "제가 어찌 감히 안회와 비교할 수 있겠습니까? 안회는 하나를 듣고 열을 알지만(聞一知十), 저는 하나를 듣고 겨우 둘을 아는 데 지나지 않습니다." 그러자 공자가 말했다. "너는 확실히 안회를 따를 수 없으나 따를 수 없는 것은 너만이 아니라 나도 그를 따르지 못하는 점이 있다." 《논어(論語)》

해설    탁월한 제자 안회에 대한 공자의 기대를 말해주는 대목이다. 하나를 가르치면 열을 알 정도로 탁월했으며 심지도 굳은 인물이었지만, 안회는 너무 일찍 죽어 공자를 비롯한 주위 사람들을 안타깝게 했다.

君 임금 군
子 아들 자
務 힘쓸 무
本 근본 본

# 군자무본
## 君子務本

군자는 항상 근본에 힘쓴다는 말.

## 군자는 근본을 잃지 않기 위해 노력한다

유자(有子)가 말했다. "그 사람됨이 부모에게 효도하고 어른을 공경하면서 윗사람 해치기를 좋아하는 사람은 드물다. 윗사람 해치기를 좋아하지 않으면서 질서를 어지럽히기를 좋아하는 사람은 없다. 군자는 근본에 힘쓰는 것이니(君子務本), 근본이 확립되면 따라야 할 바른 도리가 생겨난다. 효도와 공경이 바로 인(仁)을 실천하는 근본이니라." 《논어(論語)》

해설　《논어》〈학이편(學而篇)〉에 나온다. 공자의 제자 중 한 사람인 유자가 한 말이다. 원래는 '군자무본 본립이도생(君子務本 本立而道生)'으로, 군자는 먼저 자신의 맡은 직무에 충실해야 하며, 기본이 서면 그때 비로소 도가 생긴다는 말이다.

# 일패도지
## 一敗塗地

一 한 일
敗 패할 패
塗 칠할 도
地 땅 지

싸움에 여지없이 패해서 다시는 일어나지 못함.

---

### 적에 맞설 만한 장수를 찾아내지 못한다면

유방은 진나라 말엽의 혼란기에 패현 땅에서 말단관리로 살고 있었다. 어느 날 그의 인물됨을 잘 아는 백성들이 몰려와 새로운 현령이 되어달라고 요청하자, 이렇게 대답했다.

"지금은 천하가 혼란하여 각지에서 제후들이 일어나고 있다. 지금 그들에 맞설 만한 장수를 찾아내지 못한다면 한 번에 패하여 땅에 묻히고 말 것이다(一敗塗地)."

《사기(史記)》

해설    유방은 젊은 시절에 패현이란 곳에서 정장(亭長)이라는 하급 직책을 맡고 있던 말단관리였다. 그때는 진시황제가 폭정을 거듭하던 진나라 말기였기 때문에 전국적으로 많은 지역에서 민중봉기가 일어나 몹시 혼란스러웠다. 후에 유방은 항우와의 격렬했던 경쟁을 끝내고 기원전 202년 마침내 한나라 황제에 오른다.

輾 돌아누울 전
轉 구를 전
反 돌이킬 반
側 곁 측

# 전전반측
### 輾轉反側

온갖 걱정으로 인해 마음이 괴로운 나머지 이리저리 뒤척이며 잠을 못 이룸.

---

## 걱정거리가 많아 잠을 이루지 못하다

'전전(輾轉)'은 수레바퀴가 한없이 회전한다는 뜻이고, '반측(反側)'은 옆으로 뒤척이는 것을 말한다. 따라서 전전반측은 수레바퀴가 한정 없이 돌아가듯 밤새 뒤척인다는 뜻이다. 걱정거리가 많아 잠을 이루지 못하는 모습을 표현하는 말이다. 《시경(時經)》

**해설** 《시경》〈관저편(關雎篇)〉에 나온다. 온갖 잡생각으로 잠을 이루지 못하고 계속해서 이리 뒤척이고, 저리 뒤척이는 모습을 형상화한 말이다.

# 회사후소
## 繪事後素

繪 그림 회
事 일 사
後 뒤 후
素 바탕 소

그림을 그리는 일은 흰 바탕이 있은 뒤의 일이라는 뜻. 본질이 있은 후에 꾸밈이 있음을 비유적으로 일컫는 말.

## 본질이 있은 후에 꾸밈이 있다

자하가 공자에게 여쭈었다. "《시경》에 이르기를 '고운 웃음에 보조개가 아름답고 아름다운 눈동자가 또렷하니, 흰 바탕에 무늬를 더하였네'라고 했는데, 이는 무슨 뜻입니까?"

공자께서 말씀하셨다. "그림을 그리는 일은 흰 바탕이 있은 다음이다(繪事後素)."

그러자 자하가 말했다. "그러면 예(禮)는 나중 일이라는 말씀입니까?"

공자께서 말씀하셨다. "나를 일으켜주는 사람은 바로 자네로다. 비로소 자네와 함께 시(詩)를 말할 수 있게 되었구나." 《논어(論語)》

해설 　내적인 충만과 아름다움을 갖춘 뒤에야 외적인 충만과 아름다움을 갖출 수 있다는 말이다. 겉모습만 번지르하면서 속으로는 인간다운 면모를 갖추지 못한다면 아무 소용이 없다는 뜻이기도 하다.

| | |
|---|---|
| 靡 쓰러질 미 | |
| 不 아닐 불 | |
| 有 있을 유 | **미불유초 선극유종** |
| 初 처음 초 | |
| 鮮 적을 선 | 靡不有初 鮮克有終 |
| 克 능할 극 | |
| 終 마칠 종 | |

누구나 처음엔 큰 결심을 하고 노력하지만 끝까지 그 결심이 누그러지는 일 없이 계속하는 사람은 드물다는 뜻.

## 끝까지 잘하는 사람은 매우 적다

"처음부터 잘하는 사람은 별로 없지만 끝까지 잘하는 사람도 더욱 적다(靡不有初 鮮克有終)."

일을 하면서 시작도 중요하지만 마무리는 더 중요하다는 가르침 이다. 나라를 새로 세우는 창업도 어렵지만, 나라를 제대로 유지하 고 발전시키는 수성(守成)은 더욱 힘들다는 뜻으로도 많이 쓰인다.

《시경(詩經)》

# 앙급지어
## 殃及池魚

殃 재앙 앙
及 미칠 급
池 못 지
魚 물고기 어

---

가만히 있다가 잘못도 없이 애매하게 화를 당한다는 뜻.

---

## 가만히 있다가 애매하게 화를 당하다

초나라의 성문에 불이 났는데, 성 밖에 있는 연못의 물을 끌어다 급히 불을 껐다. 다행히 화재는 완전히 진압되었으나 연못의 물이 모두 사라지는 바람에 애매하게 물고기들이 말라죽고 말았다(殃及 池魚).

《태평어람(太平御覽)》

---

**동의어**   횡래지액(橫來之厄)

**해설**   《태평어람》은 송나라 황제 태종의 칙명을 받아 이방(李昉) 등이 편찬한 일종의 백과 사전으로 모두 1,000권에 달한다. 책을 완성하는 데 6년 9개월이 걸렸다고 한다.

| | |
|---|---|
| 卮 잔치 | |
| 酒 술 주 | |
| 安 어찌 안 | |
| 足 넉넉할 족 | |
| 辭 사양할 사 | |

# 치주안족사
## 卮酒安足辭

'어찌 한 잔 술을 사양하겠는가?'라는 말. 술꾼들이 술을 권하거나 그런 술을 억지로 마실 때 하는 말.

## 어찌 한 잔 술을 사양하겠습니까?

번쾌는 유방이 처음 거병할 때부터 참여한 인물로, 특히 항우가 유방을 죽이려고 했던 홍문연(鴻門宴)에서 위기에 빠진 유방을 극적으로 구출한 일로 유명하다. 이때 번쾌는 단신으로 연회장에 뛰어들어 앞을 가로막는 병사들을 쓰러뜨리고는 당당히 항우 앞에 섰다.

항우가 그의 기백을 높이 사며 한 말의 술과 삶은 돼지의 어깨 부위를 건네자 번쾌가 단숨에 먹어치웠다. 항우가 다시 한 잔을 마실 수 있겠느냐고 묻자 번쾌가 대답했다.

"나는 여기 오면서 죽음도 마다하지 않았는데 어찌 한 잔 술을 사양하겠습니까(卮酒安足辭)" 그러면서 번쾌는 요란하게 항우와 술을 나눠 마셨고, 이런 소동을 틈타 유방은 사지를 벗어날 수 있었다. 따라서 항우의 암살 계획은 수포로 돌아갔다. 《사기(史記)》

# 탐천지공
貪天之功

貪 탐낼 탐
天 하늘 천
之 어조사 지
功 공공

남의 공을 탐내어 자기가 이룬 것처럼 꾸민다는 말.

## 임금이 불러도 응하지 않다가 불에 타 죽다

진나라 문공이 아버지의 미움을 받아 국외로 추방된 지 19년 만에
귀국하여 왕위에 올랐다. 즉위하자마자 문공은 유랑생활을 할 때
도와준 사람들을 찾아 벼슬을 내려 은혜를 갚으려 했다. 이때 행여
빠진 공신이 없을까 걱정하여 해당자는 신고하라고 포고했는데,
한 백성이 개자추(介子推)가 빠졌다고 알려왔다.

개자추는 문공이 굶주림에 허덕일 때 자신의 허벅지살을 베어 바
친 충신이었다. 그는 사람들이 자신의 공을 과장해 자랑하는 것을
불쾌히 여겨 벼슬할 뜻을 버리고 어머니와 함께 깊은 산에 은둔했
다. 주위 사람들이 왜 나서지 않느냐고 묻자, 그가 대답했다.

"문공의 즉위는 당연한 일임에도 자신의 공인 양 떠벌이며 하늘이
내리는 공을 함부로 탐내는(貪天之功) 일은 도둑질보다 더 수치스
러운 짓이다." 개자추는 문공이 아무리 불러도 응하지 않았고, 그
를 나오게 하려고 산에 불을 질렀지만 끝내 나오지 않고 버티다 어
머니와 함께 불에 타 죽었다. 이때부터 한식(寒食)이 되면 개자추
의 혼령을 위로하기 위해 불을 피우지 않고 찬 음식을 먹는 관습이
생겼다. 《춘추좌씨전(春秋左氏傳)》

| | |
|---|---|
| 彼 저 피<br>一 한 일<br>時 때 시<br>此 이 차 | # 피일시차일시<br>彼一時此一時 |

그때는 그때, 지금은 지금이라는 말. 그때와 지금이 사정이 다르다는 뜻.

---

## 그러니 내가 어찌 마음이 좋을 수 있겠는가?

맹자가 제나라를 떠날 때, 한 제자가 물었다. "스승님께서 매우 언짢은 기색이신데, 전에 말씀하시기를 군자는 하늘도 원망하지 않고 사람도 탓하지 않는다고 하지 않으셨습니까?"

이에 맹자가 말했다. "그때는 그때, 지금은 지금이니라(彼一時此一時). 오백 년마다 천하를 통일하는 새 임금이 나타나는 게 지금까지의 역사였고, 그때마다 반드시 세상에 이름을 남기는 사람이 있기 마련이었다. 그런데 주나라가 일어난 지 칠백 년이 지났다. 오백 년도 훨씬 지났는데, 세상 형편으로 본다면 지금이 딱 그 시기이다. 그럼에도 하늘이 천하를 바로잡으려 하지 않고 있다. 만일 바로잡기로 한다면, 지금 세상에 누가 나를 버리겠느냐. 그러니 내가 어찌 마음이 좋을 수 있겠느냐?" 《맹자(孟子)》

# 눌언민행
## 訥言敏行

訥 말 더듬을 눌
言 말씀 언
敏 민첩할 민
行 행할 행

말하기는 쉬워도 행하기는 어려우므로 군자는 모름지기 말은 둔해도 행동은 민첩해야 한다는 뜻.

---

### 말솜씨는 별로 없지만 행동은 민첩하다

공자께서 말씀하셨다. "군자는 말에 대해서는 모자라는 듯이 하지만 행동에 대해서는 민첩하게 한다(訥言敏行)."

《논어(論語)》

해설　옛사람들은 말의 중요성을 무엇보다 중요하게 여겨서 행동 없는 말보다 실천하는 사람이야말로 진정한 군자라고 가르쳤다. 또한 헛된 말로 인해 생기는 폐해를 지적하면서 수많은 교훈을 통해 입단속을 시켰다.

蓬 쑥 봉
生 날 생
麻 삼 마
中 가운데 중
不 아닐 불
扶 도울 부
自 저절로 자
直 곧을 직

# 봉생마중 불부자직
## 蓬生麻中 不扶自直

쑥이 삼밭에서 자라면 붙잡아주지 않아도 저절로 곧아지는 것처럼, 사람도 환경에 따라 바르게 자라게 된다는 뜻.

## 환경의 중요성을 강조하는 말

쑥이 삼밭 한가운데에서 자라면 돕지 않아도 저절로 곧아지고(蓬生麻中 不扶自直), 흰 모래도 진흙 가운데에 있으면 그와 더불어 모두 검어진다(白沙在尼 與之皆黑).　　　　　《순자(荀子)》

동의어　마중지봉(麻中之蓬)

해설　인간의 습성과 교육환경에 대한 순자의 철학이 담긴 말이다. 쑥은 일종의 풀이기에 곧게 자라지 않는데, 삼밭에 심으면 곧게 자란다는 뜻이다. 그렇듯이 사람에게는 주위 환경이 매우 중요함을 설파하는 말이다. 성악설로 유명한 순자는 인간의 본성은 선하지 못하니 올바른 사람이 될 수 있도록 제대로 교육해야 한다고 말했다.

# 노기복력
## 老驥伏櫪

老 늙을 로(노)
驥 천리마 기
伏 엎드릴 복
櫪 말구유 력

늙은 천리마가 하릴없이 마구간에 엎드려 있다는 말.

## 뜻을 펴지 못하고 엎드려 있는 늙은 천리마

"천년을 산다는 거북도 마침내 죽을 때가 있고, 구름을 일으키는 용도 끝내 죽어 진토가 된다네. 늙은 천리마는 마구간에 엎드려 있어도(老驥伏櫪) 마음은 천리를 달리고, 열사는 늙어도 웅지가 꺾이지 않노라." 재능이 뛰어난 인물이 나이가 들어 뜻을 펴지 못하고 있지만 여전히 그 뜻을 버리지 않고 있다는 뜻.

해설　조조가 남긴 말로 알려져 있다. 조조는 오랜 삼국시대를 마감하고 위나라를 최고의 강대국으로 이끌었으나 일찍 죽고, 그의 아들들이 왕위를 이었지만 몇 년 더 버티다가 진(晉)나라의 사마염(司馬炎)에 의해 멸망하고 말았다.

玉 구슬 옥
石 돌 석
混 섞을 혼
淆 뒤섞일 효

# 옥석혼효
## 玉石混淆

옥과 돌이 섞여 있음. 좋은 것과 나쁜 것이 뒤섞여 있다는 뜻.

### 당장 이롭고 달콤한 말에만 빠지다

요즘 사람들은 천박한 시부(詩賦)를 즐기면서 제자백가의 글을 가볍게 여기며 당장 이롭고 달콤한 말에만 빠지니 참과 거짓이 바뀌고 옥과 돌이 한데 뒤섞여 있다(玉石混淆).　　　　《포박자(抱朴子)》

**동의어**　옥석동궤(玉石同匱), 옥석동쇄(玉石同碎)

**해설**　《포박자》는 동진의 학자 갈홍(葛洪)이 후한 때 위백양(魏伯陽)이 저술한 〈주역 삼동계〉에 나오는 역(易)의 이론에 신선도(神仙道)의 이론과 방법을 한층 확립시켜 저술한 도교 계열의 책이다.

# 사량침주
## 捨量沈舟

捨 버릴 사
量 양식 량
沈 잠길 침
舟 배 주

식량을 버리고 배를 침몰시킴. 어떤 일에 죽을 각오를 하고 결전에 임한다는 뜻.

## 배를 모조리 부수고, 싣고 온 솥마저 깨뜨리고

항우가 진나라를 치기 위해 대군을 이끌고 장하(長河)를 건널 때였다. 항우가 병사들에게 사흘 치 식량을 나눠주고는 타고 온 배를 모조리 부수고, 싣고 온 솥마저도 깨뜨려 버렸다.

이제 돌아갈 배도 없고, 밥을 지어먹을 솥마저 없었으므로 병사들은 결사항전밖에 다른 도리가 없었다. 병사들은 무서운 기세로 적진을 향해 달려 나갔고, 마침내 대승을 거두었다. 《사기(史記)》

동의어  배수지진(背水之陣), 제하분주(濟河焚舟), 파부침주(破釜沈舟)

| | |
|---|---|
| 一 한 일<br>龍 용 룡<br>蛇 긴 뱀 사 | # 일룡일사<br>一龍一蛇 |

어느 때는 용이 되어 승천하고, 어느 때는 뱀이 되어 연못 속에 숨는다는 말.

## 참된 선비의 자세를 말하다

참된 선비는 태평할 때는 세상에 나와 나라를 위해 일하고, 난세
에는 재능을 드러내지 않고 숨어살면서 묵묵히 지조를 지켜야 한
다는 가르침이 담긴 말이다. 태평할 때는 나라를 위해 열심히 일하
고, 난세에는 몸을 삼가면서 배움에 더욱 증진하라는 가르침이다.

《장자(莊子)》

해설　난세에는 악의 무리가 설치게 되니 함부로 설쳤다가 무슨 일을 당할지 모른다. 태
평한 시대에는 세상에 나와 자신의 역량을 마음껏 발휘하되 난세에는 은거하여 자
신의 재능을 나타내지 않고 시대의 흐름에 잘 순응해야 한다는 논리이다.

# 절함
## 折檻

折 부러뜨릴 절
檻 난간 함

난간을 부러뜨린다는 뜻으로, 성심성의껏 간언을 한다는 말.

## 직간을 한 신하의 충성의 징표

한나라의 재상 장우(張禹)는 임금인 성제(成帝)의 절대적인 신임을 받는 신하로, 그로 인해 위세가 하늘을 찔렀다. 자연히 그의 농단으로 인한 폐단이 많았으나 아무도 그의 허물을 지적하는 사람이 없었다. 그런데 유학자 주운(朱雲)만은 달라서, 어느 날 왕에게 장우 같은 간신배를 당장 처벌해야 한다고 직간했다.

하지만 장우를 무한 신뢰하는 왕은 오히려 화를 내며 주운을 당장 끌어내리고 했다. 왕의 준엄한 명에 따라 무관들이 우르르 달려들었으나, 주운은 끌려 나가지 않으려고 전각의 난간에 결사적으로 매달린 채 장우의 목을 베어야 한다는 소리만 계속했다. 그렇게 옥신각신하다 보니 그만 난간이 뚝 부러지고(折檻), 주운은 그 아래로 굴러 떨어지고 말았다. 나중에 손상된 난간을 완전히 바꾸려고 하자 성제가 말했다.

"새 것으로 몽땅 갈지 말고 부서진 부분만 바꿔놓아라. 직간을 한 신하가 보여준 충성의 징표로 삼고 싶구나." 《한서(漢書)》

| | |
|---|---|
| 由 같을 유 | |
| 水 물 수 | **유수지취하** |
| 之 어조사 지 | 由水之就下 |
| 就 나아갈 취 | |
| 下 아래 하 | |

세상의 이치란 물이 아래로 흘러가는 것과 같음.

## 원래 착하지 않은 사람이 없듯이

사람의 성품이 착하다는 것은 마치 물이 아래로 나아가는 것과 같으니, 원래 착하지 않은 사람이 없고 아래로 흘러가지 않는 물이 없다(人性之善也 猶水之就下也 人無有不善 水無有不下).

《맹자(孟子)》

**해설**   맹자는 인간의 기본적인 심성에 대해 '인간의 본성은 선하다'고 말했다. 이것이 바로 '성선설(性善說)'이다 반면에 순자(荀子)는 인간의 본성은 원래 악하기 때문에 태어날 때부터 이익을 구하고 서로 질투하며 미워하기 때문에 그대로 놔두면 싸움이 그치지 않는다고 했다. 이것이 성악설(性惡說)로, 따라서 이를 고치기 위해서 예의를 배우고 정신을 수련해야만 한다고 주장했다.

# 등고자비
## 登高自卑

登 오를 등
高 높을 고
自 스스로 자
卑 낮을 비

지위가 높아질수록 스스로를 낮춘다는 말로, 일을 함에 있어 반드시 차례를 밟아야 한다는 말이다.

## 높이 오를 때는 반드시 낮은 곳부터

군자의 도는 말하자면 높은 곳을 오를 때는 반드시 낮은 곳부터 시작해야 하고(登高必自卑), 먼 곳을 갈 때는 반드시 가까운 곳에서 시작해야 하는 것과 같다. 《중용(中庸)》

해설 《중용》의 단어적 의미는 과하거나 부족함이 없이 떳떳하며 한쪽으로 치우침이 없는 상태나 정도라는 뜻이다. 《중용》은 《대학》, 《논어》, 《맹자》와 함께 사서(四書)의 하나로 유교의 철학적 배경을 천명한 유교 경전이다.

| | |
|---|---|
| 知 알 지 | |
| 淵 못 연 | **지연중지 어자불상** |
| 中 가운데 중 | |
| 之 어조사 지 | 知淵中之 魚者不祥 |
| 魚 물고기 어 | |
| 者 놈 자 | |
| 不 아닐 불 | |
| 祥 상서로울 상 | |

연못 속을 자세히 들여다보며 물고기가 몇 마리가 있는지 따지는 일은 상서롭지 않다는 말.

### 정치란 큰 줄기로 백성을 이끄는 것

모름지기 정치란 자질구레한 일에 구애되지 말고 기본적인 큰 줄거리로 백성을 이끌어야 한다. 군주가 정치를 하면서 가령 연못 속을 자세히 들여다보며 물고기가 몇 마리 있는지 따지는 일처럼 너무 사소한 것까지 일일이 간섭하고 추궁하면 백성들이 따라오지 않는다. 《열자(列子)》

# 옥불탁불성기
## 玉不琢不成器

玉 구슬 옥
不 아닐 불
琢 다듬을 탁
成 이룰 성
器 그릇 기

옥도 쪼지 않으면 그릇이 될 수 없다는 말. 뛰어난 재주를 가진 사람이라도 학문이나 수양을 게을리하면 큰 인물이 될 수 없다는 뜻.

## 배우지 않으면 도를 알지 못한다

옥은 다듬지 않으면 그릇이 되지 못하고, 사람은 배우지 않으면 도를 알지 못한다(玉不琢不成器 人不學不知道).　　　　　《예기(禮記)》

---

해설　《예기》는 5경(五經)의 하나로, 고대 중국의 예(禮)에 대한 기록이나 주석(註釋)을 싣고 있다. 공자와 그 후학들이 지었다.

| | |
|---|---|
| 耳 귀 이 | |
| 視 볼 시 | # 이시목청 |
| 目 눈 목 | 耳視目聽 |
| 聽 들을 청 | |

귀로 보고 눈으로 들음. 눈치가 매우 빠른 사람을 일컫는 말.

## 귀로 보고 눈으로 듣는 사람

노자의 제자 중에 항창자(亢倉子)라는 사람은 다른 사람들로부터 '귀로 보고 눈으로 듣는다(耳視目聽)'는 말을 들었다. 이에 노나라 임금이 사람을 보내 선물을 하사하며 그게 사실이냐고 물었다. 이에 그가 말했다. "저는 귀나 눈을 쓰지 않고도 능히 보고 들을 수 있다고 했을 뿐입니다. 귀와 눈은 서로 구실을 바꾸지 못하는 법입니다."

《열자(列子)》

**해설**  열자는 중국 전국시대의 도가(道家) 사상가로, 이름은 어구(禦寇)이다. 유명한 고사들인 '우공이산(愚公移山)', '남존여비(男尊女卑)', '조삼모사(朝三暮四)', '기우(杞憂)' 같은 말은 모두 《열자》에 실린 도가적 우화(寓話)에서 나온 것이다.

# 중과부적
## 衆寡不敵

衆 무리 중
寡 적을 과
不 아닐 부
敵 대적할 적

무리가 적은 소수는 다수의 적을 상대하지 못한다는 뜻.

## 소수는 다수를 결코 이길 수 없다

맹자가 제나라의 선왕에게 말했다. "왕께서 스스로는 방탕하게 살면서 나라를 강하게 만들고 천하의 패권을 잡으려고 하는 것은 나무에 올라가 물고기를 구하는 것과 같습니다. 소국은 결코 대국을 이길 수 없고, 소수는 다수를 대적하지 못하며(衆寡不敵), 약자는 강자에게 패하기 마련입니다."

《맹자(孟子)》

해설 '나무에 올라가 물고기를 구하는 것과 같다'는 말은 우리가 자주 쓰는 '연목구어(緣木求魚)'이다. '중과주적'과 함께 불가능한 것을 이루려는 헛된 욕심을 비유적으로 이루는 말로 《맹자》 〈양혜왕 상(梁惠王 上)〉에 나온다.

夏 여름 하
蟲 벌레 충
疑 의심할 의
氷 얼음 빙

# 하충의빙
## 夏蟲疑氷

여름에만 사는 벌레는 겨울의 얼음을 믿지 않는다는 말. 식견이 매우 좁은 사람은 공연한 의심이 많다는 뜻.

### 여름 벌레는 여름 한철만 알기 때문에

우물 안의 개구리에게 바다를 얘기해도 알지 못하는 것은 그들이 살고 있는 장소에 구애되기 때문이며, 여름 벌레가 얼음을 알지 못하는 것은 여름 한철밖에 모르기 때문이고, 식견이 좁은 사람에게 도(道)를 말해도 깨닫지 못하는 것은 자기가 아는 것에 속박되어 있기 때문이다.　　　　　　　　　　　　　　　　《장자(莊子)》

**해설**　식견이 부족하고, 세상을 보는 안목이 턱없이 결여된 사람을 비유적으로 이르는 말로, 《장자》〈추수편(秋水篇)〉에 나온다. 안목이 부족한 사람을 가리키는 말로는 그밖에도 '관견(管見)', '용관규천(用管窺天)' 등이 있다.

# 제4장

# 지知,

## 천하의 큰일은 모두
## 작은 일에서 일어난다

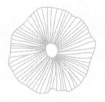

# 교사불여졸성
## 巧詐不如拙誠

| | |
|---|---|
| 巧 | 공교할 교 |
| 詐 | 속일 사 |
| 不 | 아닐 불 |
| 如 | 같을 여 |
| 拙 | 서툴 졸 |
| 誠 | 정성 성 |

상대를 교묘히 속이는 행동보다 우직하지만 성실한 자세가 더 중요하다는 뜻.

## 교묘하게 속이는 것은 어설프게나마 정성어린 태도

위나라 장수 악양(樂羊)이 중산국을 칠 때, 마침 그의 아들이 그곳에 있었다. 어느 날 중산국 왕이 악양의 아들을 가마솥에 삶아 국을 만들어 보내자 악양은 단숨에 마셔버렸다. 임금이 그의 충성심에 감동해 칭찬하자 한 신하가 말했다. "자기 아들의 살점까지 먹은 자가 누군들 먹어치우지 않겠습니까?"

그 무렵, 맹손(孟孫)이란 사람이 새끼사슴을 사냥해 시종 진서파(秦西巴)에게 집으로 갖고 가도록 지시했다. 그런데 어미사슴이 따라오며 계속 울부짖자 진서파는 새끼를 어미에게 그냥 돌려주었다. 맹손이 집에 돌아와 사슴을 찾자 진서파가 말했다. "어미에게 돌려주었습니다." 화가 치민 맹손은 진서파를 당장 내쫓았다.

얼마 후, 맹손이 진서파를 자식의 스승으로 삼으며 말했다. "그를 내친 것은 명을 어긴 벌이었지만 새끼사슴이 가련해서 못 견딜 정도라면 사람의 자식은 얼마나 귀하게 여기겠는가?"

한비자는 악양과 진서파를 놓고 이렇게 평했다. "악양은 공을 세웠으나 의심을 받았고, 진서파는 죄를 지었으나 신임을 받았다. 교묘하게 남을 속이는 것은 어설프나마 정성어린 것보다 못하다(巧詐不如拙誠)."

《한비자(韓非子)》

黑 검을 흑
牛 소 우
生 날 생
白 흰 백
犢 송아지 독

# 흑우생백독
## 黑牛生白犢

검은 소가 흰 송아지를 낳음. 재앙이 복이 되기도 하고, 복이 재앙이 되기도 한다는 뜻.

## 재앙이 복이 되고, 복이 재앙이 되고

송나라 사람 중에 어질고 의로운 행동을 즐기는 사람이 있었는데, 하루는 집안의 검은 소가 흰 송아지를 낳았다(黑牛生白犢). 뜻밖의 변고에 깜짝 놀라 공자를 찾아가 이유를 물었더니, 공자는 아주 길한 징조이니 그 송아지를 하늘에 바치라고 말했다.

그런데 그 일이 있은 지 1년이 지났을 때 그의 아버지가 이유 없이 눈이 멀고 말았다. 그때 그 집의 검은 소가 또 흰 송아지를 낳았다. 이에 다시 공자에게 연유를 물으니, 공자는 또 길한 조짐이라며 다시 그 송아지를 하늘에 바치고 제사를 지내라고 했다. 이 일이 있은 지 1년이 지났을 때, 그 사람 또한 이유 없이 눈이 멀고 말았다. 그 뒤에 초나라가 송나라를 공격하여 그들이 사는 마을이 쑥밭이 되고 마을사람들 대부분이 죽었지만 그들 부자는 모두 눈이 멀었기에 화를 면할 수 있었다. 전쟁이 끝나자, 그들은 다시 눈을 뜨고 사물을 볼 수 있었다.

《열자(列子)》

**동의어** 새옹지마(塞翁之馬), 전화위복(轉禍爲福)

# 도난어기이
## 圖難於其易

| | |
|---|---|
| 圖 | 꾀할 도 |
| 難 | 어려울 난 |
| 於 | 어조사 어 |
| 其 | 그 기 |
| 易 | 쉬울 이 |

어려운 일을 할 때는 가장 쉬운 것부터 해나가야 한다.

## 천하의 큰일은 반드시 작은 것에서 일어난다

어려운 일은 쉬운 것부터 꾀하고(圖難於其易), 큰일은 작은 것부터 챙겨야 한다. 천하의 어려운 일은 반드시 쉬운 것에서 일어나고, 천하의 큰일은 반드시 작은 것에서 일어난다.

《노자도덕경(老子道德經)》

해설　《도덕경》은 노자가 지은 것으로 알려졌지만, 확실한 것은 아니다. 도가의 대표적인 경전으로 그냥 《노자》로도 불린다. 이 책에서 노자는 일체의 부자연스러운 행위나 인위적인 것이 없이 자연에 순응하는 무위(無爲)의 삶을 살아갈 것을 역설하였다. 장자 역시 무위자연을 주장하였기에 이들의 철학을 '노장사상(老莊思想)'이라 부른다.

| | |
|---|---|
| 刻 새길 각<br>畫 그림 화<br>無 없을 무<br>鹽 소금 염 | # 각화무염<br>刻畫無鹽 |

얼굴이 못생긴 여자는 아무리 화장을 해도 미인과 비교할 수 없다는 말.

## 아무리 화장을 해도 미인이 될 수 없다

무염(無鹽)은 제나라 어느 지역의 지명으로, 왕비 종리춘(鍾離春)이 태어난 고장이다. 종리춘은 대단한 추녀였지만 주지육림에 빠져 정사를 돌보지 않는 왕을 찾아가 당당하게 바른 말을 하여 이를 계기로 정실 왕비가 되었다. 각화무염은 추녀인 종리춘이 아무리 곱게 화장해도 원래 박색이라 미인과 비교가 될 수 없다는 뜻이다.

해설 중국에는 '추한 아내와 가까이 있는 밭은 집안의 보배'라는 속담이 있다. 그만큼 못생긴 여인에 관대한 풍습이 있었다는 뜻이다. 중국에는 역사상 가장 아름다운 '4대 미녀'도 있지만, 반대로 가장 추하게 생긴 '4대 추녀'도 있다. 고대시대의 모모(嫫母), 전국시대의 종리춘(鍾離春), 동한시대의 맹광(孟光), 동진(東晉)시대의 완씨(阮氏)는 대단한 추녀들이지만 내면의 재능과 훌륭한 품행으로 남편을 잘 보필한 여인들로 유명하다.

# 노래지희
## 老萊之戲

老 늙을 로(노)
萊 명아주 래
之 어조사 지
戲 희롱할 희

자식이 나이가 들어도 부모의 마음은 똑같으니 변함없이 효도해야 한다는 뜻.

## 부모 앞에서 색동옷 입고 재롱떠는 70노인

주나라의 노래자(老萊子)가 70세의 나이에도 색동옷을 입고 어린 아이같이 재롱을 부림으로써 부모에게 자식이 늙었음을 잊게 해 준 일에서 유래된 말이다.

《몽구(蒙求)》

---

**동의어**  반의지희(班衣之戲), 채의오친(彩衣娛親)

**해설**  《몽구》는 당나라 때 이한(李翰)이 저작한 문자 교육을 위한 아동용 교재로, 조선 말기 학자 홍익주(洪翼周)가 이 책에 자세한 해설을 붙인 《몽구주해(蒙求註解)》를 간행하였다.

多 많을 다
岐 갈림길 기
亡 잃을 망
羊 양 양

# 다기망양
## 多岐亡羊

달아난 양을 찾다가 여러 갈래 길에서 길을 잃음. 학문에는 길이 많아 진리를 찾기 어려우므로 사소한 일에 매달리지 말라는 뜻이다.

## 근본으로 돌아가면 얻는 것도, 잃는 것도 없다

어느 날 이웃집에서 기르던 양 한 마리가 달아났다. 집안사람 모두가 양을 찾았지만 끝내 찾지 못했다. 양이 달아난 쪽에 갈림길이 하도 많아서 어디로 도망쳤는지 알 수 없었던 것이다(多岐亡羊). 이에 철학자 양자(揚子)가 한숨을 쉬며 말했다.

"큰 길에는 갈림길이 많기 때문에 양을 잃어버리고, 학자는 다방면으로 배우기 때문에 본성을 잃는다. 학문이란 원래 근본은 하나였는데 그 끝에 와서 이 같이 달라지고 말았다. 그러므로 하나인 근본으로 되돌아가면 얻는 것도, 잃는 것도 없다." 《열자(列子)》

**동의어** 기로망양(岐路亡羊), 망양지탄(亡羊之嘆)

# 군자지덕풍
## 君子之德風

君 임금 군
子 아들 자
之 어조사 지
德 큰 덕
風 바람 풍

군자의 덕은 바람과 같아서 백성들이 모두 그로 인해 영향을 받음.

---

### 풀은 바람이 불어오면 쓰러지기 마련이다

공자가 노나라의 계강자(季康子)에게 말했다. "공은 어찌 정치를 하면서 '살(殺)'로써 하시려 합니까? 공이 선(善)하고자 하면 백성은 당연히 선하게 됩니다. 군자의 덕은 바람이요 소인의 덕은 풀이니, 풀은 바람이 불어오면 쓰러지기 마련입니다." 《논어(論語)》

해설 《논어》〈안연편(顔淵篇)〉에 나온다. 군자의 덕은 바람과 같아서 백성은 모두 그 풍화(風化)를 입는다는 말로, 바람이 불면 풀이 그 방향으로 눕듯이 윗사람의 행동은 곧 아랫사람이 행동하는 데 표본이 되어야 한다는 말이다.

| | |
|---|---|
| 有 | 있을 유 |
| 陰 | 그늘 음 |
| 德 | 덕 덕 |
| 者 | 놈 자 |
| 必 | 반드시 필 |
| 陽 | 볕 양 |
| 報 | 갚을 보 |

# 유음덕자 필유양보
### 有陰德者 必有陽報

남몰래 덕을 베푸는 사람에게는 반드시 보답이 있다는 뜻.

---

### 남몰래 덕을 베푸는 사람에게 보답이 찾아온다

군자가 그 도를 다하면 복과 녹(祿)이 돌아오게 된다. 숨은 덕이 있는 사람은 반드시 밝은 갚음이 있고, 숨은 행실이 있는 사람은 반드시 밝은 이름이 있게 된다.

《회남자(淮南子)》

**해설** 《회남자》〈인간훈편(人間訓篇)〉에 나온다. 남이 모르게 착한 일을 하면 세상이 다 알게 되어 복을 받는다는 뜻이다. 옛사람들은 덕에는 세 가지가 있는데 첫째는 남이 알지 못하는 음덕(陰德), 둘째는 마음으로 남을 도우려고 하고 동정하는 심덕(心德), 셋째는 권력과 재물로써 남에게 좋은 일을 하는 공덕(功德)이 있다고 했다.

# 가인어월 이구익자
## 假人於越 而救溺者

假 빌릴 가
人 사람 인
於 어조사 어
越 월나라 월
而 말 이을 이
救 구제할 구
溺 물에 빠질 익
者 놈 자

월나라 사람을 데려와 물에 빠진 사람을 건져내려고 함. 하는 일이 옳아도 시기를 놓치면 아무 소용이 없다는 뜻.

## 아무리 옳은 일이라도 때를 놓치면 소용없다

물에 빠져 허우적대는 사람을 앞에 두고 멀리 월나라에서 가장 헤엄을 잘 치는 사람을 데려다 구하려는 어리석음을 빗대어, 아무리 옳은 일이라도 시기를 놓치면 소용이 없다는 뜻이다.

**해설** 중국 춘추전국시대에 월나라는 지금의 남중국해에 면한 중국 최남단 지역에 자리 잡고 있어서 대륙 전체를 놓고 보면 가장 먼 나라에 속했다. 그러나 월나라는 춘추 5패(春秋五覇)에 속할 만큼 강국이었다. 와신상담(臥薪嘗膽)으로 유명한 구천이 바로 월나라의 왕이었다.

買 살 매
死 죽을 사
馬 말 마
骨 뼈 골

# 매사마골
買死馬骨

소중한 것을 수중에 넣기 위해서는 먼저 그만한 대가를 치러야 한다는 뜻.

## 천리마를 구하는 특별한 방법

어느 임금이 천리마를 구하려고 했는데, 아무리 애를 써도 도저히
구할 수가 없었다. 임금이 천리마를 구한다 하니 가만히 놔둬도
값이 올라갈 게 뻔해서 천리마의 주인들이 꽁꽁 숨겨두었기 때문
이다.

이때 한 신하가 자기에게 일천 금을 주면 천리마를 구해오겠노라
고 장담했다. 왕이 당장 돈을 주었는데, 얼마 후 그가 죽은 천리마
의 뼈다귀라며 뼈 몇 조각을 오백 금이나 주고 사왔다고 아뢰었다
(買死馬骨). 임금이 화를 내자 신하가 이렇게 대답했다.

"천리마는 워낙 귀하기 때문에 아무도 쉽게 내놓으려 하지 않습니
다. 그런데 임금께서 죽은 천리마의 뼈다귀를 오백 금이나 주고 샀
다는 소문이 나 보십시오. 조금만 기다리면 천리마를 가진 사람들
이 대궐 앞에 줄을 설 것입니다." 얼마 후, 신하의 말대로 천리마를
가진 사람들이 줄줄이 몰려들었다.  《전국책(戰國策)》

**해설** 《전국책》은 전한의 유향(劉向)이 전국시대에 활동한 유세가들의 일화와 언행을 모
아 엮은 책이다. 제후국 전략가들의 정치, 군사, 외교 등 책략을 모아 집록한 인물
사 중심의 역사서이다.

# 중석몰시
## 中石沒矢

中 가운데 중
石 돌 석
沒 빠질 몰
矢 화살 시

정신을 집중하면 믿을 수 없을 만큼 큰 힘이 나올 수 있다는 말.

## 정신을 집중하면 믿을 수 없는 힘이 나온다

전한의 장수 이광(李廣)이 사냥하러 갔다가 숲속에서 호랑이를 만나자 온 정신을 모아 화살을 쏘았다. 그런데 이상하게도 호랑이가 꼼짝도 하지 않았다.

가까이 가보니 그가 맞힌 것은 호랑이처럼 생긴 돌이었다. 기이하게 여긴 이광이 그 자리로 돌아가 다시 화살을 쏘았으나 이번에는 그대로 튕겨 나왔다. 이미 정신이 흐트러졌기 때문이다.

《사기(史記)》

해설 이광은 전한의 장수로, 평생을 변방에서 흉노와 맞서며 많은 무공을 세웠지만 번번이 전공을 인정받지 못하다 끝내 자결하고 말았다. 당시 흉노족의 도발은 한나라에 큰 위험이 될 만큼 무서웠는데, 이광이 여러 차례 그들을 물리치며 국토를 지켜 흉노족에게는 두려움의 대상이었다고 한다.

| | |
|---|---|
| 口 입 구 | |
| 禍 재앙 화 | |
| 之 어조사 지 | **구화지문 설참신도** |
| 門 문 문 | |
| 舌 혀 설 | 口禍之門 舌斬身刀 |
| 斬 벨 참 | |
| 身 몸 신 | |
| 刀 칼 도 | |

입은 재앙을 불러들이는 문이고, 혀는 몸을 절단하는 칼이니 언제 어디서든 말조심을 하라는 뜻.

## 입은 화를 부르는 재앙의 문이다

입이 바로 재앙의 문이요 혀가 바로 몸을 절단하는 칼이니, 입을 다물고 혀를 감추면 가는 곳마다 몸이 편하리라. 〈설시(舌詩)〉

**동의어** 구시화문(口是禍門), 사불급설(駟不及舌)

**해설** 〈설시(舌詩)〉는 후당(後唐)의 재상을 지낸 풍도(馮道)가 지었다. 언행의 중요성을 강조하는 문장으로 구성되어 있다. 옛 현인들은 가벼운 말로 인한 재앙을 경계하며 진중한 태도를 강조하는 가르침이 많이 담겼다.

# 천려일득
## 千慮一得

千 일천 천
慮 생각할 려
一 한 일
得 얻을 득

천 번을 생각하면 한 번쯤은 얻는 게 있음. 많이 생각할수록 좋은 것을 얻게 된다는 뜻.

## 천 번 생각하면 한 번은 들어맞을 수 있다

한신이 조나라의 20만 대군을 격파하고, 유명한 책사 이좌거(李左車)를 생포했다. 한신이 그에게 연나라와 제나라를 공격할 방도를 묻자, 그가 자신은 그럴 능력이 없다며 여러 차례 사양하다가 답했다.

"옛말에 슬기로운 사람도 천 번 생각에 한 번의 실수가 있고(千慮一失), 어리석은 사람도 천 번 생각하여 한 번은 들어맞을 수 있다(千慮一得)고 했습니다." 이후 이좌거는 한신의 참모가 되어 유방이 항우를 격퇴하고 천하통일을 이루는 데 크게 기여했다.

《사기(史記)》

**반의어** 천려일실(千慮一失)

克 이길 극
伐 자랑할 벌
怨 원망할 원
慾 욕심 욕

# 극벌원욕
克伐怨慾

남을 이기기를 즐기는 일(勝癖), 자기의 재능을 함부로 과시하는 일(自慢), 원한을 품는 일(怨望), 욕심을 내는 일(貪慾) 등 사람이 행하지 말아야 할 네 가지 악덕을 가리키는 말.

## 사람이 행하지 말아야 할 네 가지 악덕

제자 원헌이 물었다. "남을 이기기를 즐기는 마음, 자기의 재능을 과시하려는 마음, 남을 원망하는 마음, 함부로 탐하는 마음을 갖지 않으면 인(仁)하다고 할 수 있습니까(克伐怨慾)." 공자께서 말씀하셨다. "어려운 행동을 한 것이기는 해도, 그렇다고 해서 반드시 인을 행한 것이라고 해야 할지는 모르겠다. 《논어(論語)》

# 목후이관
## 沐猴而冠

沐 머리 감을 목
猴 원숭이 후
而 말 이을 이
冠 갓 관

원숭이를 목욕시켜 관(冠)을 씌웠다는 말. 걸치고 있는 옷은 훌륭하지만 속은 사람답지 못하다는 뜻.

## 금의환향하고 싶었던 항우의 마음

항우가 진나라 수도인 함양을 함락시킨 후, 진시황의 체취가 남은 그곳을 폐허로 만들어버리고는 하루 빨리 고향에 돌아가 성공을 과시하려고 팽성(彭城)으로 천도를 서둘렀다. 함양은 천혜의 요지이자 패업의 땅임에도 항우는 금의환향의 욕심 때문에 고집을 꺾지 않았다. 이에 한생(韓生)이 간언했다.

"반드시 여기에 도읍을 정하고 천하의 제왕이 되십시오."

그럼에도 항우가 고집을 꺾지 않자 한생이 탄식하며 중얼거렸다. "원숭이를 목욕시켜 관을 씌운 꼴이군(沐猴而冠)." 항우가 그 말을 듣고 한생을 펄펄 끓는 가마솥에 던져 죽였다. 한생이 죽으면서 말했다. "두고 보라. 한왕(漢王-유방)이 반드시 그대를 멸하리라. 역시 초나라 사람들은 원숭이와 같아서 관을 씌워도 소용없구나."

천도를 감행한 항우는 유방에게 관중 땅을 빼앗기고, 한생의 예언대로 몇 년 후 멸망하고 말았다. 《사기(史記)》

羞 부끄러울 수
月 달 월
閉 닫을 폐
花 꽃 화

# 수월폐화
## 羞月閉花

달도 부끄러워하고 꽃조차 움츠린다는 말. 절세미인을 보고 달도, 꽃도 스스로 움츠리게 된다는 말로 그만큼 뛰어난 미인이라는 뜻이다.

### 고대 중국의 4대 미녀를 부르는 호칭

월나라의 서시, 전한의 왕소군(王昭君), 《삼국지》에 나오는 초선(貂蟬), 당나라의 양귀비 등 네 명의 여인들을 고대중국의 4대 미인으로 꼽는다. 서시는 침어(浸魚)라고 불리는데, 서시가 호수에 얼굴을 비추니 물고기들이 헤엄치는 것을 잊어버릴 정도로 넋을 잃고 있다가 그대로 가라앉았다 해서 붙여졌다.

왕소군은 기러기가 날아가다 그녀를 보고 날갯짓을 잊어버리는 바람에 추락했다 해서 낙안(落雁)이라 불렸다. 초선은 폐월(閉月)이라 불렸는데, 그녀의 미모에 달마저 부끄러움을 느끼고 구름 뒤로 숨었다는 뜻이다. 양귀비는 수화(羞花)로 불렸는데, 아름다운 꽃들마저 그녀 앞에서는 부끄러워 고개를 숙였다는 뜻이다.

**동의어** 경국지색(傾國之色), 단순호치(丹脣皓齒), 침어낙안(沈魚落雁)

# 추인낙혼
## 墜茵落溷

墜 떨어질 추
茵 자리 인
落 떨어질 락(낙)
溷 뒷간 혼

사람은 살면서 때를 잘 만나기도 하고 그렇지 못한 경우도 있다는 뜻. 사람의 운명은 인과(因果)의 법칙과는 상관이 없다는 말.

## 귀하고 천함에 무슨 인과관계가 있겠는가?

남조의 학자 범진(范縝)이 불교에 심취한 임금과 인과(因果)의 법칙에 대해 이야기하는 중에 이렇게 말했다. "인간의 삶을 나무에 핀 꽃에 비유하자면, 한 가지에서 피고 같은 꼭지에서 열리지만 바람이 불어 떨어질 때 어떤 것은 귀인의 따뜻한 방석 위에 떨어지고, 어떤 것은 울타리 담장에 걸려 뒷간에 떨어지기도 합니다(墜茵落溷). 방석 위에 떨어진 것은 임금과 같은 경우이고, 뒷간에 떨어진 것은 소인과 같은 경우겠지요. 귀하고 천함이 비록 길이 다르긴 하지만 여기에 과연 무슨 인과가 있겠습니까?"  《남사(南史)》

해설  범진은 불교의 유심주의 유신론 사상에 반박하는 무신론 사상을 계통적으로 밝힌 불교비판서 《신멸론(神滅論)》을 발표한 인물로 유명하다.

破 깨뜨릴 파
瓜 오이 과
之 어조사 지
年 해 년

# 파과지년
破瓜之年

여자 나이 16세, 남자 나이 64세를 가리키는 말. 줄여서 파과(破瓜)라고 함.

## 여덟 팔(八)이 두 개 들어 있는 글자

한자의 자획(字劃)을 분해하여 새로운 의미를 부여하는 것을 '파자(破字)'라 하는데, 가령 '李'를 분해하여 '木+子'가 되는 식이다. 파과(破瓜)에서 '오이 과(瓜)'를 파자하면 '여덟 팔(八)'이 두 개가 나온다. 따라서 '8+8=16'이 되므로 여자 나이 16세를 뜻하고, 곱하면 '8×8=64'가 되므로 이것은 남자 나이 64세를 뜻한다.

**해설** '파자(破字)'란 한자의 문자적 특성을 이용해 글자를 분해하거나 합쳐 새로운 의미를 만들어 내는 것을 말한다. 예를 들어 '이(李)'는 '木+子', '聞'은 '門+耳'로 나누어 나름의 해석과 의미를 찾아가는 과정이다.

# 파옹구우
## 破甕救友

破 깨뜨릴 파
甕 독 옹
救 구원할 구
友 벗 우

항아리를 깨고 친구를 구해냄. 위험에 빠진 벗을 구해 준다는 뜻.

## 큰 항아리를 깨버린 아이

동네아이들이 놀다가 한 아이가 어른 키만한 장독에 거꾸로 빠지고 말았다. 아이들이 힘을 모아 구해주려고 했지만 워낙 큰 항아리라 도저히 구할 수 없었다. 그러자 한 아이가 어른들에게 혼이 날 것을 알면서도 돌로 장독을 깨어 친구를 구해주었다(破甕救友). 빠른 판단력과 지혜로 친구를 구해낸 아이는 《자치통감(資治通鑑)》을 편찬한 사마광(司馬光)이다.

《송사(宋史)》

해설 《자치통감》은 《춘추》, 《사기》와 함께 중국 3대 역사서로 꼽히는 책으로, 총 294권 100책으로 구성된 편년체(編年體) 역사서이다. 기원전 403년(주나라 위열왕 23)부터 959년(후주 세종 6)까지의 역사가 수록되어 있다. 정치와 군사적 관점에서 서술되었으며 지금도 통치자들에게 국가 운영의 규범을 제공하는 정치 교본으로 인식되고 있다.

汗 땀 한
牛 소 우
充 채울 충
棟 마룻대 동

# 한우충동
## 汗牛充棟

책이 얼마나 많은지 수레에 실으면 소가 땀을 흘리고, 쌓아올리면 들보에 닿을 정도라는 말.

## 책을 가득 실은 수레를 끌고 가는 소

당나라 때 문장가 유종원(柳宗元)이 역사학자 육문통(陸文通)이 죽자, 그의 업적과 학자로서의 덕행을 기리는 글을 써서 무덤 앞에 세웠다. 이를 묘표(墓表)라고 하는데, 다음과 같다.

"공자의 《춘추》를 놓고 수많은 사람들이 온갖 주석을 달았지만, 대부분 비뚤어진 해석이나 다른 학파에 대한 비난과 공격만이 눈에 띈다. 그런 패거리들의 저서나 장서를 소장하면 건물을 꽉 메우고, 꺼내어 운반하게 되면 수레를 끄는 마소도 그 무게에 땀을 흘릴 정도이다(汗牛充棟)."

# 석과불식
## 碩果不食

碩 클 석
果 실과 과
不 아닐 불
食 먹을 식

---

큰 과일은 전부 다 먹지 않고 후손을 위해 씨앗으로 남긴다는 말. 자기 욕심만 채우지 않고 후손을 위해 세상에 복을 끼친다는 뜻.

---

### 후손을 위해 씨앗을 남기다

과일나무에 달린 가장 큰 과일을 따먹지 않고 두었다가 후손을 위해 씨앗으로 쓰는 것(碩果不食)을 말한다. 옛사람들은 이렇게 하면 어떤 사물이 단절되지 않고 지속되므로 조상이 후손을 위해 복을 끼치는 일이 된다고 생각했다.  《주역(周易)》

해설  《주역》〈효사(爻辭)〉에 있는 말이다. 석과는 가지 끝에 남아 있는 최후의 '씨과실'로, 먹지 않고 남겨 두었다가 땅에 심는 것을 말한다. 이것을 새싹으로 키워내고 다시 나무로 만들어 가는 일을 계속함으로써 자자손손 복을 나눠 갖는 것이다.

矯 바로잡을 교
枉 굽을 왕
過 지나칠 과
直 곧을 직

# 교왕과직
## 矯枉過直

구부러진 것을 바로잡으려다 너무 곧게 해서 오히려 일을 그르침. 잘못을 바로잡으려다 지나쳐서 도리어 일이 잘못된다는 뜻.

## 잘못을 고치려다 너무 지나쳐서

고대 중국에서는 종(鐘)을 만들 때 뿔이 곧고 잘 생긴 소의 피를 종에 바르고 제사를 지내는 풍습이 있었다. 한 농부가 제사에 쓸 소의 뿔이 조금 삐뚤어져 있어 바로잡으려고 팽팽하게 동여맸더니 뿔이 그만 뿌리째 빠지는 바람에 소가 죽고 말았다.

**동의어** 과유불급(過猶不及), 소탐대실(小貪大失)

# 영천세이
## 潁川洗耳

潁 강 이름 영
川 내 천
洗 씻을 세
耳 귀 이

영천(潁川)에서 귀를 씻음. 불쾌한 이야기를 듣고 귀를 씻어낼 만큼 몸가짐이 결백하다는 뜻.

## 귀가 더러워졌으니 귀를 씻을 수밖에

허유(許由)가 임금으로부터 양위를 해주겠다는 말을 듣자 '귀가 더러워졌다'며 영천에서 귀를 씻었다. 때마침 소를 몰고 영천에 갔다가 허유가 귀를 씻고 있는 것을 본 소보(巢父)가 '더럽혀진 물을 소에게 먹일 수 없다'며 그냥 돌아갔다. 그 뒤 두 사람은 차례로 기산(箕山)으로 들어가 평생을 은거하며 청렴결백한 정신을 이어갔다.

《한서(漢書)》

**동의어**   세이공청(洗耳恭聽)

才 재주 재
如 같을 여
史 역사 사
遷 옮길 천

# 재여사천
才如史遷

재주가 뛰어난 것이 사마천(司馬遷)을 닮았다는 말.

## 중국 역사상 가장 위대한 책을 쓰다

사마천은 전한시대 역사가로 《사기》를 썼다. 어려서부터 천재로 불렸고, 한때 잘 나가는 선비였으나 흉노족에 투항한 이릉(李陵) 장군을 변호하다 황제의 노여움을 사는 바람에 48세 되던 해에 남자로서는 가장 치욕스러운 궁형(宮刑-생식기를 제거당하는 형벌)을 받고 옥살이를 하게 되었다.

하지만 사마천은 옥중에서도 저술을 계속하는 등 온갖 어려움 속에 《사기》를 완성하여 중국 역사상 가장 위대한 저작물을 탄생시켰다. 《사기》의 규모는 본기(本紀) 12권, 연표(年表) 10권, 서(書) 8권, 세가(世家) 30권, 열전(列傳) 70권 등 총 130권에 이르는 방대한 분량이다.　　　　　　　　　　　　　　　　　《후한서(後漢書)》

# 이불휼위
## 嫠不恤緯

嫠 과부 리(이)
不 아닐 불
恤 구휼할 휼
緯 씨 위

과부가 씨실이 엉키는 것을 걱정하지 않는다는 뜻으로, 자기의 직분을 다하지 않음을 꾸짖는 말.

### 길쌈은 하지 않고 나라 걱정을 하는 아낙네

주나라 때 어느 고을에 사는 과부가 길쌈을 하던 중에 씨앗이 부족했는데, 그것은 걱정하지 않고 나라가 망해서 자신에게 화가 미치는 것을 걱정했다는 고사에서 나온 말이다. 한낱 산골의 이름 없는 과부도 그러한데 사내대장부로 태어나서 나라의 장래를 걱정하는 마음이 없어서야 되겠느냐며 꾸짖는 말이다. 《춘추좌씨전(春秋左氏傳)》

해설  《춘추좌씨전》은 총 30권으로, 노나라 은공(隱公) 원년(기원전 722년)부터 애공(哀公) 27년(기원전 468년)에 이르는 254년 동안의 춘추시대 열국들의 역사를 기록하고 있다. 《사기》에는 좌구명(左丘明)이 지었다고 되어 있으나 정확한 것은 아니다.

羽 깃 우
化 될 화
登 오를 등
仙 신선 선

# 우화등선
羽化登仙

몸에 날개가 돋아 신선이 되어 하늘로 오름. 기분 좋게 술에 취한 상태를 뜻함. 술을 마시고 기분이 한껏 고양되어 신선이라도 된 듯이 느낀다는 뜻.

## 사람의 몸에 날개가 돋쳐 하늘로 향하다

소동파(蘇東坡)의 〈적벽부(赤壁賦)〉에 나오는 말이다. 우화(羽化)는 번데기가 날개 있는 벌레로 변한다는 말로, 우화등선은 이를 빗대어 사람의 몸에 날개가 돋쳐 하늘로 올라가 신선이 된다는 뜻이다.

**해설** 소동파는 당송팔대가(唐宋八大家)의 한 사람이다. 당송팔대가란 당나라와 송나라의 뛰어난 문장가 여덟 명을 가리키는 말로 당나라는 한유(韓愈), 유종원(柳宗元)이고 송나라는 구양수(歐陽修), 소순(蘇洵), 소동파(蘇東坡), 소철(蘇轍), 증공(曾鞏), 왕안석(王安石)이다. 특히 소순, 소동파, 소철은 부자 형제 사이로, 이들을 삼소(三蘇)라 부른다.

# 하필왈리
## 何必日利

何 어찌 하
必 반드시 필
日 가로 왈
利 이로울 리

'어찌 꼭 이익만을 말하는가?'라는 말. 인의에 입각해서 일하면 굳이 이익을 따르지 않더라도 반드시 이익이 돌아오게 된다는 말.

## 의를 멀리하고 이를 가까이하면 생기는 일

맹자가 양나라 혜왕을 만났을 때, 혜왕이 이렇게 인사했다. "천 리를 마다않고 와주셨으니, 장차 우리나라를 이롭게 해주시겠습니까?" 이에 맹자가 말했다.

"임금께서는 어찌 이로움을 말씀하십니까(何必日利)? 다만 인의(仁義)가 있을 뿐입니다. 만승(萬乘)의 나라에서 임금을 죽이는 자는 언제나 천승(千乘)의 녹을 받는 대신의 집안이요, 천승의 나라에서 임금을 죽이는 자는 언제나 백승(百乘)의 녹을 받는 대신의 집안입니다. 참으로 의(義)를 뒤로 하고 이(利)를 먼저 하면 빼앗지 않고서는 만족하지 못하는 법입니다." 《맹자(孟子)》

徙 옮길 사
木 나무 목
之 어조사 지
信 믿을 신

# 사목지신
徙木之信

나무를 옮겨 믿음을 얻는다는 뜻으로, 위정자는 모름지기 백성들과의 약속을
꼭 지켜야 한다는 말.

## 위정자는 백성들과의 약속을 반드시 지켜야 한다

진나라의 정치개혁가로 활약한 상앙(商鞅)은 두 차례에 걸친 개혁
작업을 통해 진나라를 일약 강대국으로 만들어낸 인물이다. 그가
처음 강력한 법 집행을 통한 바른 정치를 시행하고자 작정했을 때
의 일이다. 신뢰받는 정치를 실현하고자 키가 세 길이나 되는 나무
를 도성의 남문에 세워놓고 이 나무를 북문으로 옮기는 사람에게
열 냥을 주겠다고 공표했다.

하지만 백성들은 말만 번드르르한 정치가들의 말에 너무 많이 속
아서 어떤 말을 해도 전혀 믿지 않았다. 이에 상앙이 이번에는 오
십 냥을 주겠노라고 하자, 어떤 사람이 반신반의하면서도 나무를
북문으로 옮겼다. 상앙은 즉시 약속한 상금을 주었다. 상앙은 이렇
게 백성을 기만하지 않는다는 사실을 분명히 해두고 새로운 법령
을 반포했고, 이때부터 백성들은 잘 따랐다.　　　　　《사기(史記)》

# 원걸종양
## 願乞終養

| | |
|---|---|
| 願 | 원할 원 |
| 乞 | 빌 걸 |
| 終 | 마칠 종 |
| 養 | 봉양할 양 |

부모가 돌아가시는 날까지 봉양하기를 원함. 부모에 대한 지극한 효심을 일컫는 말.

## 까마귀가 어미새의 은혜에 보답하려는 마음

촉한 때의 인물 이밀(李密)은 어려서 부친을 여의고 어머니가 개가하는 바람에 조모 슬하에서 어렵게 자랐다. 촉한이 망한 뒤, 위나라 조정에서 그를 부르자 늙으신 조모를 두고 멀리 갈 수 없다며 사양했다.

이때 왕에게 올린 상소문이 〈진정표(陳情表)〉로, 여기에 다음과 같은 글이 보인다. "까마귀가 어미새의 은혜에 보답하려는 마음으로, 조모가 돌아가시는 날까지 봉양할 수 있도록 은혜를 베풀어주시옵소서(願乞終養)."

**동의어** 반포지효(反哺之孝), 오조사정(烏鳥私情)

| | |
|---|---|
| 後 뒤 후 | |
| 生 날 생 | # 후생가외 |
| 可 좋을 가 | 後生可畏 |
| 畏 두려워할 외 | |

후배들이 학문을 계속 닦고 덕을 쌓으면 선배들보다 더 큰 인물이 될 수 있기에 두려운 존재라는 뜻.

## 선배보다 큰 인물이 되는 후배

공자께서 말씀하셨다. "후배들이란 두려운 것이니(後生可畏), 그들이 지금의 우리보다 못하리란 것을 어찌 알 수 있겠는가? 나이가 사십, 오십이 되어서도 이름이 알려지지 않았다면, 또한 두려워할 만한 사람이 못 된다."

《논어(論語)》

동의어　청출어람(靑出於藍)

해설　동의어 '청출어람'은 《순자》〈권학편(勸學篇)〉에 나오는 말이다. 청출어람은 이 책의 '푸른색은 쪽에서 취한 것이지만 쪽보다 푸르다'는 말에서 유래되었다. 쪽은 마디풀과에 속하는 일년생 초본식물로 마르면 검은빛이 도는 남색을 띤다.

# 서족이기성명
## 書足以記姓名

| | |
|---|---|
| 書 | 글 서 |
| 足 | 넉넉할 족 |
| 以 | 써 이 |
| 記 | 기록할 기 |
| 姓 | 성씨 성 |
| 名 | 이름 명 |

글은 자기 이름만 쓸 수 있을 정도면 충분하다는 말.

## 글은 제 이름만 쓸 수 있으면 족합니다

항우는 어려서부터 학문을 멀리하고, 심지어 검술도 배우는 도중에 그만두었다. 이에 어려서부터 항우를 보살펴온 작은아버지 항량이 글을 배우라고 꾸중하자, 이렇게 대꾸했다.

"글은 제 이름만 쓸 수 있으면 충분하고(書足以記姓名), 칼은 단지 한 사람만을 대적하는 것이니 배울 만한 게 못됩니다. 저는 많은 사람들을 상대할 수 있는 법을 배우겠습니다." 《사기(史記)》

해설 항우가 모든 것을 잃고 스스로 목숨을 버릴 때의 나이는 불과 31세였다. 20대 중반부터 두각을 나타내기 시작하여 점점 세력이 강대해져서 대륙 통일 일보 직전까지 갔었다. 그러나 그의 발목을 잡은 것은 인재들을 믿지 않고 함부로 내치는 등 독단적이고 어리석은 판단을 반복했기 때문이었다.

| | |
|---|---|
| 藥 약 약 | |
| 籠 대바구니 롱 | # 약롱중물 |
| 中 가운데 중 | 藥籠中物 |
| 物 물건 물 | |

약 상자 속의 물건이라는 말. 수중에 들어 있어 필요시에 언제든 꺼내 쓸 수 있는 물건이나 인재를 일컬음.

## 하루라도 곁에 없어서는 안 되는 귀한 인재

당나라의 측천무후(則天武后)는 여성으로는 유일하게 황제가 되었던 인물로, 명석한 두뇌에 잔인한 품성을 더한 여인이었다. 원래는 고종의 황후였지만, 그가 죽자 국호를 주나라로 고치고 스스로 황제가 되어 15년 동안 대륙을 통치하면서 유례없는 폭정을 휘둘렀다.

그나마 다행인 것은 적인걸(狄仁傑)이라는 청렴하고 강직한 재상이 곁에 있었다는 점이다. 그는 직언을 서슴지 않으며 어지러운 정치를 바로잡았고, 유능한 인재를 발굴하여 적재적소에 배치함으로써 만인의 존경을 받았다.

어느 날 원행충(元行沖)이라는 사람이 찾아와 측천무후 치하의 썩은 정치 현실을 신랄하게 비판하자 적인걸이 그의 손을 잡으며 말했다. "자네야말로 내게 하루라도 곁에 없어서는 안 될 약롱중물이다." 《당서(唐書)》

# 과문불입
## 過聞不入

| | |
|---|---|
| 過 | 지날 과 |
| 門 | 문 문 |
| 不 | 아닐 불 |
| 入 | 들 입 |

자기 집이나 아는 사람의 집 앞을 지나면서도 들르지 않음. 공적인 일을 하면서 개인적인 일은 외면하는 태도를 뜻함.

### 높은 관직에 있으면서도 항상 공명정대한

우(禹)와 직(稷)은 태평성대에 높은 벼슬에 있으면서, 세 차례나 자기 집 앞을 지나면서도 들어가지 않았다(三過其門而不入). 공자께서는 이들의 공명정대한 태도를 보고 매우 현명한 태도라 말씀하셨다.

《맹자(孟子)》

**해설** 우(禹)는 하(夏)나라의 시조이고, 직(稷)은 태평성대 때 최고 관리였다. 그들은 한 나라를 다스리는 왕이나 높은 관직에 있는 선비인데도 사적인 일은 철저히 외면하는 태도를 견지하여 백성들의 존경을 받았다.

格 바로잡을 격
物 물건 물
致 이를 치
知 알 지

# 격물치지
格物致知

사물의 이치를 구명하여 자신의 지식을 지극히 함.

## 모든 사물의 이치를 끝까지 파고 들어가면

주자(朱子)는 격물치지를 '모든 사물의 이치를 끝까지 파고 들어가면 앎에 이른다'로 해석했고, 왕양명(王陽明)은 '사람의 참다운 양지(良知)를 얻기 위해서는 마음을 어둡게 하는 물욕을 물리쳐야 한다'는 뜻으로 풀이했다. 《대학(大學)》

해설 《대학》에 나오는 말로 격물(格物), 치지(致知), 성의(誠意), 정심(正心), 수신(修身), 제가(齊家), 치국(治國), 평천하(平天下) 등 8조목에 속하는 말이다.

# 원교근공
## 遠交近功

| | |
|---|---|
| 遠 | 멀 원 |
| 交 | 사귈 교 |
| 近 | 가까울 근 |
| 攻 | 칠 공 |

먼 나라와는 화친하고 가까운 나라는 쳐서 점차 영토를 넓히는 외교정책.

## 먼 나라와는 친교를 맺고 가까운 나라는 침략하라

위나라의 범수(范睡)가 타국과 내통한다는 모함을 받고 모진 고문을 당하다가 진나라로 도망쳤다. 그때 진나라의 실권자는 양후(穰侯)로, 그는 멀리 떨어져 있는 제나라를 쳐서 영토를 확장할 궁리를 하고 있었다. 이에 범수는 양후에게 말했다.

"그것은 결코 좋은 계책이 아닙니다. 먼 나라를 공격해서 설령 수중에 넣는다 해도 오래 다스리기 어렵지만 이웃나라를 점령하면 쉽게 다스릴 수 있어 영원히 진나라 땅이 됩니다. 따라서 지금의 정세 하에서 진나라가 취할 방도는 먼 나라와는 친교를 맺고 가까운 나라는 침략하는 원교근공책(遠交近攻策)이 상책입니다."

《전국책(戰國策)》

畵 그릴 화
虎 범 호
不 아닐 불
成 이룰 성
反 도리어 반
爲 될 위
狗 개 구
子 아들 자

# 화호불성 반위구자
## 畵虎不成 反爲狗子

호랑이를 그렸는데 강아지가 되다.

호랑이를 그리려다 완성하지 못하고 도리어 강아지가 되어 버림.
큰 것을 이루려고 애를 썼으나 형편없는 결과를 얻었다는 뜻이다.
섣불리 남의 언행을 흉내 내려고 하면 도리어 우스꽝스럽고 서툰
결과를 낳는다는 말이다. 《후한서(後漢書)》

**동의어** 화호불성(畵虎不成), 화호유구(畵虎類狗)

**반의어** 각곡유목(刻鵠類鶩), 각곡유아(刻鵠類鵝)

# 행유여력
## 行有餘力

行 행할 행
有 있을 유
餘 남을 여
力 힘 력

일을 다 하고도 오히려 힘이 남음.

### 이렇게 행하고서 남은 힘이 있다면

공자께서 말씀하셨다. "젊은이들은 집에 들어가서는 부모님께 효
도하고 나가서는 어른들을 공경하며, 말과 행동을 삼가고 신의를
지키며, 널리 사람들을 사랑하되 어진 사람을 가까이 해야 한다.
이렇게 행하고서 남은 힘이 있다면(行有餘力) 그 힘으로 글을 배우
는 것이다." 《논어(論語)》

해설　인간으로서의 본분을 다한 뒤에 공부해야지 공부하기 위해 사람이 해야 할 도리를
외면하는 것은 절대 안 된다는 가르침이다. 어디 글공부뿐이랴. 세상의 모든 일은
사람의 도리를 다한 뒤에 비로소 시작되는 것임을 잊지 말라는 당부의 말이다.

鰥 홀아비 환
寡 홀어미 과
孤 고아 고
獨 홀몸 독

# 환과고독

鰥寡孤獨

늙은 홀아비, 홀어미, 어버이가 없는 아이, 늙어서도 자식이 없어 의지할 데 없는 사람. 외롭고 의지할 곳 없는 사람을 일컫는 말.

## 의지할 데 없는 궁벽한 사람들

제나라 선왕이 맹자에게 왕도정치에 대해 묻자, 맹자가 말했다. "옛날 문왕이 기(岐) 땅을 다스릴 때 땅이 있는 자에게는 9분의 1을 과세했고, 벼슬아치에게는 대대로 녹봉을 주었으며, 시장의 사정을 살펴보기는 했지만 굳이 세금을 거두지 않았고, 물을 막아 고기를 잡는 것을 금하지 않았으며, 죄인을 처벌하더라도 자식에게까지 그 죄가 미치지 않도록 했습니다. 특히 의지할 데 없는 궁벽한 사람들을 잘 보살폈는데, 그들은 늙어 아내 없는 홀아비(鰥), 늙어 남편이 없는 과부(寡), 어린데도 아비 없는 고아(孤), 늙어 자식이 없는 외로운 사람(獨)들입니다."

《맹자(孟子)》

동의어　사궁(四窮)

제5장

# 신信,
## 군자에게는 세 명의
## 이로운 벗이 있다

# 제악막작 중선봉행
## 諸惡莫作 衆善奉行

| | |
|---|---|
| 諸 | 모두 제 |
| 惡 | 악할 악 |
| 莫 | 말 막 |
| 作 | 지을 작 |
| 衆 | 무리 중 |
| 善 | 착할 선 |
| 奉 | 받들 봉 |
| 行 | 행할 행 |

모든 악함을 짓지 말고, 여러 선함을 받들어 행하라는 뜻.

## 악함을 짓지 말고 선함을 행하라

당나라 때 조과선사(鳥窠禪師)가 시인 백거이(白居易)에게 해준 말에서 유래했다. 조과선사는 항주의 봉림선사에서 주거한 도승으로, 항상 노송 위에 앉아 있었는데 가까이에 까치가 둥지를 틀었다 해서 '조과(鳥窠)'라고 불렸다. 백거이가 찾아와 불법에 대해 묻자 이렇게 대답했다고 한다. 너무 쉽고 간단한 말이지만 그 안에 사람으로서 행해야 할 모든 것이 담겨 있다.

**해설** 백거이는 백낙천(白樂天)이라고도 불리는 당나라 최고 시인이다. 조과선사와 백거이의 문답은 이렇게 이어진다. 백거이가 '그런 말은 세 살 먹은 어린아이도 아는 이야기'라며 일축하자 조과선사는 '세 살 먹은 어린아이도 알지만 여든 노인도 평생을 통해 실천하기 어려운 것'이라고 대답하였다.

| | |
|---|---|
| 道 길 도 | |
| 不 아닐 불 | **도불습유** |
| 拾 주울 습 | 道不拾遺 |
| 遺 남길 유 | |

길에 떨어진 물건을 줍지 않음. 나라가 태평하게 잘 다스려져 백성들이 함부로 법을 어기지 않는다는 뜻.

### 나라가 태평하니 백성도 법을 어기지 않는다

정나라의 뛰어난 재상 자산(子産)이 농지 분배와 인재 등용, 엄격한 법 집행에 신상필벌의 원칙을 충실히 따랐더니 나라에 도둑이 없어지고, 길에 물건이 떨어져도 주워가지 않았다(道不拾遺). 이렇게 나라의 질서가 잡히자 백성들의 생활은 윤택해져서 오랫동안 태평성대가 이어졌다.

《한비자(韓非子)》

**해설** 자산(子産)은 뛰어난 견식과 지도력으로 춘추시대를 호령했던 정나라의 재상이다. 고대 중국의 정치가들 중에서 가장 존경받는 인물 중 한 사람이다.

# 비상지원
## 飛霜之怨

飛 날 비
霜 서리 상
之 어조사 지
怨 원망할 원

'여자가 한이 맺히면 오뉴월에도 서리가 내린다'는 속담과 같은 말. 뼈에 사무치는 원한이라는 뜻.

## 하늘을 향해 통곡을 하자 오뉴월에도 서리가 내렸다

연(燕)나라의 추연(鄒衍)이라는 선비가 억울하게 참소를 당하여 옥살이를 하게 되었는데, 하늘을 우러러 통곡을 하자 한여름인데도 서리가 내렸다는 고사에서 유래된 말이다. 이후에 여자가 한이 맺히면 오뉴월에도 서리가 내린다는 말로 쓰이고 있다.

《회남자(淮南子)》

해설　연(燕)나라는 군벌 유수광(劉守光)이 지금의 북경 부근에 세운 나라로 불과 2,3년밖에 존속하지 못한 최단명 왕국이었다. 유수광은 연나라의 유일한 지배자로 잔인하기로 유명했다. 그래서 후세의 역사가들은 연나라를 하나라의 잔인한 왕 걸왕(桀王)에 비교하면서 걸연(桀燕)이라고 부르는 경우가 많다.

君 임금 군
子 아들 자
豹 표범 표
變 변할 변

# 군자표변
## 君子豹變

군자는 자신의 허물을 고쳐 올바로 행하는 데 있어 가을에 표범이 털을 갈듯이 아주 빠르고 뚜렷하게 선(善)으로 옮겨가야 한다는 뜻.

## 대인과 소인의 허물을 고치는 차이

대인은 자신의 허물을 고침에 있어 범이 털을 갈듯이 호방하게 하며, 군자는 자신의 허물을 고침에 있어 표범이 털을 갈듯이 재빠르게 하지만 소인은 단지 낯빛만을 바꿀 뿐이다(大人虎變 君子豹變 小人革面).

《주역(周易)》

해설 《주역》은 지금으로부터 약 3,000년 전 주나라 초기 처음 등장한 이래 자연과 인간의 점을 치는 책으로 여겨져 왔다. 공자가 매우 정중히 받들고 주희(朱熹)가 '역경(易經)'이라 부르며 숭상한 이래 《주역》은 오경(五經) 중에서도 으뜸으로 손꼽히게 되었다. 오경은 《역경(易經)》《서경(書經)》《시경(詩經)》《예기(禮記)》《춘추(春秋)》를 말한다.

# 저양촉번
## 羝羊觸藩

羝 숫양 저
羊 양 양
觸 닿을 촉
藩 울타리 번

무엇이든 뿔로 받기를 좋아하는 숫양이 울타리를 받다가 뿔이 걸리는 바람에 꼼짝도 못하게 되었다는 뜻.

---

### 용기만 믿고 돌진했다가 진퇴양난에 빠지다

앞으로 나아갈 줄만 알고 물러설 줄 모르는 양처럼 하찮은 제 용기만 믿고 무조건 앞으로 돌진했다가 진퇴양난에 빠지는 것을 일컫는 말이다. 《역경(易經)》

동의어  진퇴양난(進退兩難)

해설  《역경》〈대장(大壯)괘〉의 효사에 있는 말이다. 자기 힘만 믿고 함부로 날뛰는 숫양처럼 누구든 자신의 한계를 나타내는 울타리를 넘으려고 경거망동하면 안 된다는 가르침을 담고 있는 명언이다.

鼎 솥 정
足 발 족
之 어조사 지
勢 형세 세

# 정족지세
### 鼎足之勢

솥의 발처럼 세력이 균형을 이루고 있는 모양.

---

**천하를 셋으로 나눠 솥의 발처럼 세워놓으면**

유방과 항우가 천하를 놓고 대립하고 있을 때, 유방의 휘하에서 막강한 군대를 지휘하고 있던 한신에게 항우가 밀사를 보내 이렇게 전했다. "천하를 셋으로 나누어 솥의 발처럼 세워놓으면, 그러한 형세에서는 누구도 감히 먼저 움직이지 못할 것이오(鼎足之勢)."

한신에게 유방을 배신하고 또 하나의 나라를 세우라는 충고였고, 그렇게 하기 위해 항우가 한신을 돕겠다는 내용이었다. 그러나 한신은 자신을 항우 편으로 끌어들이려는 계책임을 알기에 움직이지 않았다. 《사기(史記)》

**해설** 정(鼎)이란 발이 셋 달린 솥을 말한다. 옛사람들은 세 개의 발만으로 솥의 균형을 맞추었다. 그렇게 땅에서 약간 떠 있는 상태에서 불을 피워 물을 끓이거나 음식을 해먹었다.

# 일폭십한
## 一曝十寒

一 한 일
曝 쬘 폭
十 열 십
寒 찰 한

초목을 기르는 데 하루만 볕을 쬐고 열흘은 음지에 놔둠. 단 하루 공부하고 열흘은 노는 게으름을 꾸짖는 말.

---

## 하루 공부하고 열흘은 노는 게으름

왕이 지혜롭지 않은 것은 전혀 이상할 게 없다. 비록 천하에 쉽게 자라는 초목이 있을지라도 하루 볕을 쬐고 열흘을 차게 한다면(一曝十寒) 제대로 자라지 못하는 것과 같다.　　　《맹자(孟子)》

해설　《맹자》〈고자 상(告子上)〉에 나오는 말로 일을 꾸준히 하지 못하고 중단됨이 많으면 공을 이룰 수 없다는 것을 비유하는 말이다. 왕의 게으른 습성에 대해 초목에 비유하여 타이르며 정치란 한 순간도 마음을 놓지 말아야 함을 강조하고 있다.

慈 사랑 자
母 어머니 모
敗 무너뜨릴 패
子 아들 자

# 자모패자
## 慈母敗子

지나치게 자애로운 어머니에게는 버릇없는 자식이 나온다는 뜻.

---

## 어머니가 너무 자애로우면 자식이 집안을 망친다

자애로운 어머니에게는 집안을 망치는 자식이 있다(而慈母有敗子). 이로써 나는 위세는 난폭한 행위를 멈추게 할 수 있으나 후덕함으로는 어지러움을 그치게 할 수 없음을 알겠다. 《한비자(韓非子)》

**해설** 한비자의 이 말은 단순히 자식을 훈육하는 일에만 국한하지 않고 군주가 백성을 다스림에 있어 어떻게 처신해야 하는지를 말하고 있다. 한비자는 법가사상을 집대성한 인물로 백성을 법의 틀 안에 가두고 엄격하게 통치해야 한다는 강력한 법치주의를 주장했다.

# 단금지교
## 斷金之交

| | |
|---|---|
| 斷 | 끊을 단 |
| 金 | 쇠 금 |
| 之 | 어조사 지 |
| 交 | 사귈 교 |

쇠라도 자를 수 있을 만큼 굳고 단단한 우정.

---

**두 사람의 마음이 같으니 예리하고 향기롭다**

두 사람의 마음이 같으니 금석을 자를 수 있을 만큼 예리하고(其利斷金), 같은 마음에서 나오는 말은 난과 같이 향기롭다(其臭如蘭).

《주역(周易)》

---

**동의어** 관포지교(管鮑之交), 문경지교(刎頸之交), 백아절현(伯牙絕絃)

**해설** 우정이나 의리의 중요성을 강조하는 말은 춘추전국시대의 거의 모든 책에 등장할 만큼 많다. 이런 현상은 우정이나 의리가 인간의 기본이기에 그렇기도 하지만 춘추전국시대의 혼란 속에서 극심한 이기심에 좌우되는 일이 비일비재하기에 이런 세태를 안타깝게 여긴 현자들의 우려가 섞였기 때문인지도 모른다.

無 없을 무
可 옳을 가
不 아닐 불

# 무가무불가
## 無可無不可

어떤 사람의 언행이 지나친 것도 모자란 것도 없을 만큼 중용을 취한다는 뜻.

---

## 옳은 것도, 그른 것도 없다

공자가 제자들에게 덕이 높음에도 벼슬하지 않았던 7명의 은자(隱者)인 백이(伯夷), 숙제(叔齊), 우중(虞仲), 이일(夷逸), 주장(朱張), 유하혜(柳下惠), 소연(少連)에 대해 말한 뒤 이렇게 덧붙였다.

"나는 그들과 달라서 가한 것도 없고, 불가한 것도 없다(無可無不可)." 벼슬을 해야 할 때에는 벼슬을 하고, 하지 말아야 할 때는 관직을 그만두는 등 중용을 지켜 나가겠다는 의지를 표명한 말이다.

《논어(論語)》

해설  백이와 숙제는 고죽국의 왕자들로, 동양에서는 충효 의사의 대명사로 불린다. 아버지가 죽은 후 서로 왕위를 사양했다고 한다. 그러다 주나라 무왕에 쫓겨 수양산으로 들어가 고사리를 꺾어 먹고 살다가 굶어죽고 말았다.

# 지치득거
舐痔得車

舐 핥을 지
痔 치질 치
得 얻을 득
車 수레 거

남의 치질을 핥아주고 수레를 얻음. 비열한 수단으로 권력이나 부귀를 얻는 것을 비웃는 말.

### 당신은 어떤 짓을 했기에 그 많은 수레를 얻었소?

송나라의 대신 조상이 외국에 사신으로 가게 되었다. 그가 떠날 때는 고작 몇 대의 수레뿐이었는데, 이웃나라에 들어서자 임금이 직접 나서서 대국에서 온 그를 반기며 수레 100대를 선물로 주었다. 후에 그가 장자를 만나 이 일을 자랑하자, 장자가 말했다.

"옛날 어떤 임금이 병이 나서 의원을 불렀을 때, 종기를 째고 고름을 빼는 자에게는 수레 한 대를 주고, 치질을 핥아서 고치는 자에게는 수레 다섯 대를 주었소. 치료하는 부위가 더러울수록 수레의 숫자가 많았던 것이오. 그런데 당신은 어떻게 치질을 핥아주었기에 그리 많은 수레를 얻었소?"  《장자(莊子)》

| | |
|---|---|
| 白 흰 백 | |
| 沙 모래 사 | |
| 在 있을 재 | **백사재니 불염자루** |
| 泥 진흙 니 | |
| 不 아닐 불 | 白沙在泥 不染自陋 |
| 染 물들 염 | |
| 自 스스로 자 | |
| 陋 더러울 루 | |

흰 모래가 진흙과 섞여 있으면 억지로 물들이지 않아도 저절로 더러워진다는 말.

### 흰 모래가 진흙에 있으면 자연히 더러워진다

쑥이 삼밭에서 자라면 붙들어 주지 않아도 스스로 곧아지고, 흰 모래가 진흙에 있으면 물들이지 않아도 자연히 더러워진다(蓬生麻中 不扶自直 白沙在泥 不染自陋).

《사자소학(四字小學)》

**동의어** 근묵자흑(近墨者黑)

**해설** 《사자소학》은 송나라 때 유자징(劉子澄)이 주자(朱子)의 지시를 받고 편술한 인성교육의 지침서로, 주옥같은 말들을 4자구로 엮어놓은 것이다. 선조들은 천자문에 앞서 사자소학으로 아이들을 가르쳤다.

# 천하유삼위

## 天下有三危

天 하늘 천
下 아래 하
有 있을 유
三 석 삼
危 위태할 위

세상에 위험한 일이 세 가지가 있다는 뜻.

---

### 재능이 없는 자가 높은 지위에 오르는 일

세상에 아주 위험한 일이 셋 있으니 하나는 덕이 부족한 자가 총애를 받는 일이요(少德而多寵 一危也), 다음은 재능이 없는 자가 높은 지위에 오르는 일이며(才下而位高 二危也), 그 다음은 큰 공을 세우지도 않은 자가 많은 녹을 받는 일이다(身無大功而受厚祿 三危也).

《회남자(淮南子)》

**해설**　춘추전국시대에는 하도 많은 나라들이 출몰을 거듭했기 때문에 덕이 부족하고 재능도 없는 자가 왕에 오르거나 높은 관직에 오르는 경우가 많았다. 여기다 나라에 큰 공을 세우지 않고도 줄을 잘 서서 정승판서에 오르는 경우도 흔했다. 때문에 나라가 혼란에 빠져 졸지에 강대국에 먹잇감이 되는 경우가 많았다.

駑 둔할 말 노
馬 말 마
十 열 십
駕 멍에 가

# 노마십가
### 駑馬十駕

아무리 둔한 말이라도 천리마가 하루 동안 달리는 길을 열흘이면 갈 수 있다는 뜻.

## 아무리 재주가 없는 사람이라도

"천리마가 하루에 천리를 달린다 해도, 둔한 말도 열흘 동안 달리면 이에 미칠 수 있다(駑馬十駕)." 아무리 재주가 없는 사람이라도 열심히 노력하면 재주 있는 사람을 따라잡을 수 있다는 뜻이다.

《순자(荀子)》

**해설**　순자는 전국시대 말기의 유학자로 사람의 본성은 착하다는 맹자의 성선설(性善說)에 반대하여, 악한 본성을 예(禮)로써 변화시켜 선하게 만들어야 한다는 성악설(性惡說)을 주장했다.

# 물경지교
## 勿頸之交

勿 목벨 물
頸 목 경
之 어조사 지
交 사귈 교

목이 잘리는 한이 있어도 마음을 변치 않고 사귀는 친한 사이.

## 대신 목을 내어놓을 수 있을 만큼 절친한 친구

조나라 혜문왕 때, 염파(廉頗)와 인상여(藺相如)가 나라를 위해 큰 공을 세웠다. 그런데 보잘것없는 가문 출신인 인상여가 상경이라는 높은 벼슬에 오르자 염파가 불만을 터뜨리며 인상여를 만나면 크게 망신을 주겠노라고 떠들고 다녔다.

그 말을 전해들은 인상여가 염파와 마주치지 않으려고 피해 다니자, 부하들이 물었다. "왜 그렇게 염파 장군을 두려워하십니까?" 그러자 인상여가 대답했다. "다른 나라가 우리를 공격하지 않는 이유는 나와 염파 장군이 있기 때문이다. 우리 둘이 서로 헐뜯고 싸운다면 나라가 위태로워질 것이다." 이 말을 들은 염파는 인상여의 집으로 달려가 백배사죄했고, 이 일로 두 사람은 대신 목을 내어놓을 수 있을 정도로 절친한 친구(勿頸之友)가 되었다.

《사기(史記)》

**동의어** 관포지교(管鮑之交), 백아절현(伯牙絕絃), 지란지교(芝蘭之交)

| | |
|---|---|
| 爲 지을 위 | |
| 法 법 법 | **위법자폐** |
| 自 스스로 자 | 爲法自弊 |
| 弊 넘어질 폐 | |

자신이 법을 만들어놓고 스스로 해를 입음. 스스로 놓은 덫에 걸려들 듯이 자기가 한 일로 인해 고난을 겪는 경우를 일컫는 말.

## 내가 만든 법에 내가 걸려들었구나

진나라의 상앙(商鞅)이 10여 년 동안 강력한 법 집행을 통한 부국강병책을 펼친 끝에 이제 백성들은 길에 물건이 떨어져도 줍지 않고 나라 안에 도둑이 사라지는 등 국가 질서가 착실히 잡혔다. 하지만 부작용은 컸다. 지나치게 완고하게 법 집행을 고집하는 상앙을 비판하는 신하들이 늘어났고, 급기야 새로 보위에 오른 왕은 과도하게 상앙에 권력이 집중되는 상황에 그를 의심하는 지경에 이르고 말았다.

마침내 상앙에게 반역죄를 뒤집어씌우는 반대파들에 몰린 상앙은 허둥지둥 도망쳐 어느 시골의 객사에 이르게 되었다. 하룻밤 재워달라는 상앙의 말에, 주인은 여행증이 없으면 재워줄 수 없다며 거절했다. 그 법은 상앙이 백성들을 통제하기 위해 만든 것으로, 어길 시에는 중벌에 처해지게 되어 있었다. 이에 상앙은 크게 탄식했다. "내가 만든 법에 내가 걸려들었구나(爲法自弊)." 상앙은 결국 진나라 병사들에게 잡혀 처형을 당하고 말았다." 《사기(史記)》

# 의식족이지예절

## 衣食足而知禮節

| | |
|---|---|
| 衣 | 옷 의 |
| 食 | 밥 식 |
| 足 | 넉넉할 족 |
| 而 | 말 이을 이 |
| 知 | 알 지 |
| 禮 | 예도 례(예) |
| 節 | 마디 절 |

사람은 의식이 넉넉해야 예의를 안다는 말. 생활이 풍부해야 예절이나 체면도 차릴 수 있다는 뜻.

## 생활이 풍부해야 예절을 차린다

백성들의 생활이 궁핍해서는 인의와 예절이 바로 설 수 없다는 뜻이다. 춘추전국시대 학자들의 알맹이 없는 치세철학을 비평하면서 군주의 첫 번째 목표는 백성의 삶을 풍부하게 하는 데 있음을 강조하는 말이다.

《관자(管子)》

동의어  무항산무항심(無恒産無恒心)

해설  《관자》는 제나라의 전설적인 명재상 관중(管仲)이 지은 책이다. 관중은 친구 포숙(鮑叔)과의 우정을 뜻하는 관포지교(管鮑之交)로 유명한 인물로, 고대 중국의 최고 정치인 중 한 사람으로 추앙받는다.

| | |
|---|---|
| 蝸 달팽이 와 | |
| 角 뿔 각 | # 와각지쟁 |
| 之 어조사 지 | 蝸角之爭 |
| 爭 다툴 쟁 | |

달팽이 뿔 위에서 다투는 꼴이라는 말. 극히 사소한 일로 다툰다는 뜻.

## 달팽이 머리 위에 있는 두 개의 뿔

달팽이 머리 위에 작은 뿔이 두 개 있는데, 각각 하나의 나라였다. 왼쪽 뿔에 있는 나라는 촉(觸)이고 오른쪽 뿔에 있는 나라는 만(蠻)이라 불렸다. 이들 두 나라는 서로 영토를 빼앗으려고 수시로 전쟁을 벌였는데, 워낙 치열하게 싸우다 보니 죽어 널브러진 시체가 수만이나 되었고 도주하는 패잔병을 쫓아 나서면 보름 후에나 돌아왔다.

《장자(莊子)》

동의어 　만촉지쟁(蠻觸之爭), 와각지세(蝸角之勢)

해설 　'와각지쟁'은 장자가 볼 때 대궐에서 벌어지는 논쟁이나 심지어 나라끼리의 크고 작은 전쟁마저도 달팽이에게 달린 두 개의 뿔이 다투는 꼴에 지나지 않는다는 가르침을 담고 있는 말이다.

# 이일대로

以逸待勞

以 써 이
逸 편안할 일
待 기다릴 대
勞 지칠 로

전쟁을 치르면서 얼마 동안 휴식을 취하여 전력을 비축하고 난 뒤에 피로에 지친 적을 궁지에 몰아넣는 계책.

## 장기전에서의 승리 비책

이일대로(以逸待勞)는 제1장 승전계(勝戰計)의 제4계에 해당한다. 아군은 여유를 갖고 수비에 임하면서 편히 쉬고 있다가 충분히 전력이 비축되고 나면 지쳐버린 상대를 공격하여 궁지에 몰아넣는 계책이다. 《손자병법(孫子兵法)》

**해설** 승전계는 손자가 지은 〈36계〉에 속한 계책의 하나로, 아군의 형세가 충분히 승리할 수 있는 조건을 갖추고 있을 때 말을 타고 적을 압도해 들어가는 작전을 말한다

以 써 이
羊 양 양
易 바꿀 역
牛 소 우

# 이양역우
## 以羊易牛

---

양으로 소를 대체함. 작은 것을 가지고 큰 것을 대신해 쓴다는 뜻.

---

### 직접 보지 못한 것에 대한 무관심

제나라 선왕이 도살장으로 끌려가는 소를 보고 불쌍히 여겨 당장 놓아주라고 명령하고는 양으로 대신하라고 말했다는 고사에서 나온 말이다.

큰 것을 대신해서 작은 것을 쓴다는 뜻이지만, 선왕이 소를 직접 보았으므로 가엾게 여겼지만 양은 보지 않아 가엾은 줄을 몰랐듯이 무엇이나 보지 못한 것보다는 직접 보고 들은 것을 더 생각하게 된다는 뜻이다.

《맹자(孟子)》

---

**동의어**  견우미견양(見牛未見羊)

**해설**  《맹자》〈양혜왕장구 상편(梁惠王章句 上篇)〉에 나오는 문장이다. '소를 불쌍히 여겨 당장 놓아주라고 명령하고는 양으로 대신하라고 했다'는 말에서 파생된 단어가 '희생양(犧牲羊)'이다.

# 인자불우
## 仁者不憂

| | |
|---|---|
| 仁 | 어질 인 |
| 者 | 놈 자 |
| 不 | 아닐 불 |
| 憂 | 근심 우 |

어진 사람은 도리에 따라 행하고 양심에 거리낌이 없기에 근심할 일이 없다는 뜻.

## 어진 사람은 근심하지 않는다

공자께서 말씀하셨다. "지혜로운 사람은 미혹되지 않고(知者不惑), 어진 사람은 근심하지 않으며(仁者不憂), 용기 있는 사람은 두려워하지 않는다(勇者不懼)." 《논어(論語)》

해설 '불혹'은 40세를 가리키는 말로도 유명하다. 공자는 나이 마흔이 되니 세상사에 미혹되지 않는다고 말했다. 그밖에도 나이를 나타내는 말들이 있다. 10대―충년(沖年), 15세―지학(志學), 20세―약관(弱冠), 30세―이립(而立) 40세―불혹(不惑), 50세―지천명(知天命), 60세―이순(耳順), 70세―고희(古稀), 종심(從心), 77세―희수(喜壽), 88세―미수(米壽), 99세―백수(白壽), 100세―상수(上壽) 등이 그것이다.

| | |
|---|---|
| 勝 이길 승<br>敗 패할 패<br>兵 병사 병<br>家 집 가<br>常 예사로울 상<br>事 일 사 | **승패병가상사**<br>勝敗兵家常事 |

싸움에서 이기거나 지는 일이 예사롭듯이 일에도 성공과 실패가 흔하다는 뜻.

---

## 한 번 이기고 한 번 지는 것은 늘 있는 일

당나라 황제가 싸움에 지고 온 장수가 낙담하여 몸 둘 바를 모르자 이렇게 위로했다. "한 번 이기고 한 번 지는 것은 병가에서 늘 있는 일이니(一勝一敗 兵家常事) 낙담하지 말라."

《당서(唐書)》

**해설**  《당서(唐書)》는 〈신당서(新唐書)〉와 〈구당서(舊唐書)〉가 있다. 신당서는 당나라가 건국된 618년부터 멸망한 907년까지를 기록한 기전체 역사책이다. 구당서는 당나라의 정사(正史)로 '이십사사(二十四史)' 가운데 하나이다. 940년에 편찬을 시작해 945년에 완성되었다. 당 고조의 건국부터 나라가 멸망하기까지 21명의 황제가 통치한 290년 동안의 역사 기록을 담고 있다.

# 위급존망지추
危急存亡之秋

| | |
|---|---|
| 危 | 위태할 위 |
| 急 | 급할 급 |
| 存 | 있을 존 |
| 亡 | 망할 망 |
| 之 | 어조사 지 |
| 秋 | 때 추 |

나라가 존속하느냐, 망하느냐의 중대한 때.

## 제갈량이 전쟁에 임하며 남긴 말

유비가 천하통일의 꿈을 이루지 못하고 죽자 그의 아들 유선(劉禪)이 보위를 이었다. 당시 촉한의 국력은 위나라에 비해 열세였다. 이에 제갈량은 위나라와 일대 결전을 감행하기로 하고, 왕에게 출정의 동기와 목적을 밝히는 글을 썼는데, 그것이 바로 〈출사표(出師表)〉였다. 출사표 첫머리에 '지금은 나라가 살아남느냐, 망하느냐 하는 위급한 시기(此誠危急存亡之秋)'라는 비장한 표현이 등장한다.

《삼국지연의(三國志演義)》

**해설** 유비의 아들 유선은 별로 똑똑하지 않은 인물로 사실은 제왕이 될 만한 재목이 아니었다. 제갈량 같은 중신들이 모두 죽은 뒤 국력이 급격히 쇠퇴하자, 유선은 위나라의 침략을 받자 스스로 성문을 열고 투항했다. 위나라 왕은 유선을 안락공(安樂公)으로 봉하고 연일 연회를 베풀었는데, 나라를 빼앗긴 슬픔은커녕 희희낙락 연회를 즐겼다. 주위 사람들이 지금의 심정을 묻자, 유선은 이렇게 대답했다. "이렇게 즐거운데 촉나라는 생각나지 않습니다."

以 써 이
古 옛 고
爲 삼을 위
鑑 거울 감

# 이고위감
## 以古爲鑑

옛것으로 오늘의 삶을 위한 거울로 삼음. 성현의 말씀을 거울삼아 행동한다는 뜻.

## 사람을 거울로 삼으면 득과 실을 알 수 있다

구리로 거울을 삼으면 의관을 단정히 할 수 있고, 옛날을 거울로 삼으면(以古爲鑑) 흥망성쇠를 알 수 있으며, 사람으로 거울을 삼으면 득실을 알 수 있다.

《정관정요(貞觀政要)》

---

**동의어** 박고지금(博古知今), 온고지신(溫故知新), 학우고훈(學于古訓)

**해설** 《정관정요》는 오긍(吳兢)이 편찬한 당 태종의 언행록이다. 당 태종이 신료들과 정치에 대해서 주고받은 대화를 엮은 책으로, 역대 제왕들이 정치의 교과서로 많이 읽었다. 당 태종 이세민(李世民)은 중국인들이 역대 최고의 현군으로 꼽는 인물로, 그가 나라를 다스리던 시대를 '정관의 치(治)'라고 하는데, 역사상 최고의 태평성대였다.

# 탈토지세
## 脫兔之勢

| | |
|---|---|
| 脫 | 벗을 탈 |
| 兔 | 토끼 토 |
| 之 | 어조사 지 |
| 勢 | 형세 세 |

우리를 빠져나가는 토끼의 기세. 매우 잽싸게 행동한다는 뜻.

## 최대한 민첩하게 도망쳐라

군대가 생존의 위기에 직면했을 때는, 토끼가 우리를 빠져나가 재빨리 도망치듯이(脫兔之勢) 최대한 민첩하게 이동하여 위기를 벗어나야 한다.

《손자(孫子)》

해설  《손자병법》〈구지편(九地篇)〉에 나온다. 병법의 귀재인 손자는 전쟁을 벌임에 있어 무조건적인 전진이나 후퇴 없는 버티기 같은 계책은 절대 피하라고 권한다. 피할 때는 우리를 빠져나가는 토기처럼 재빠르게 행동하라는 것은 비겁한 도망과는 다르다고 말하고 있다.

| | |
|---|---|
| 北 북녘 북 | |
| 邙 북망산 망 | **북망산천** |
| 山 뫼 산 | 北邙山川 |
| 川 내 천 | |

사람이 죽어서 가는 곳을 일컫는 말.

## 사람이 죽으면 으레 가는 곳

북망산은 주나라 도읍지 낙양의 북동쪽에 있는 작은 산이다. 주나라 성왕이 여기에 터를 잡은 이후, 역대 여러 나라의 수도로 번성한 곳이어서 임금이나 고관, 귀족들이 죽으면 대부분 북망산에 묻혔다. 여기에 수많은 문인들이 인간의 죽음에 대해 쓸 때면 사후에 반드시 가는 곳으로 묘사하여 더욱 유명해졌다. 이런 이유로 우리나라에서도 북망산은 사람이 죽으면 으레 가는 곳으로 알려지게 되었다.

**해설** 북망산은 사전에 '무덤이 많은 곳, 또는 사람이 죽어서 묻히는 곳'으로 적시되어 있다. 그만큼 동양에서는 북망산이 곧 죽음이라는 의미로 폭넓게 받아들여진 것이다. 우리나라의 사례로는 한때 망우리(忘憂里)가 그런 의미로 사용되었는데, 망우리에 대규모의 공동묘지가 있었기 때문이다.

# 성유단수
## 性猶湍水

| | |
|---|---|
| 性 | 성품 성 |
| 猶 | 같을 유 |
| 湍 | 여울 단 |
| 水 | 물 수 |

사람의 천성은 여울물과 같다는 말. 여울물이 동쪽이나 서쪽 어디로도 흘러갈 수 있듯이 사람은 천성적으로 착하지도 악하지도 않다는 뜻이나.

## 사람은 착하지도, 악하지도 않다

제나라의 사상가로 맹자와 같은 시대를 살았던 고자(告子)가 남긴 말이다. 성선설(性善說)을 주장한 맹자와 사람의 천성과 도덕에 대해 자주 논쟁을 벌인 인물로 유명하다. 고자는 '사람의 본성은 원래 선도 아니고 악도 아니며, 다만 교육하기에 따라서 그 어느 쪽으로도 될 수 있다'고 주장했다.　《맹자(孟子)》

해설　고자(告子)는 춘추전국시대의 사상가로, 이름은 불해(不害)이다. 고자의 사적은 전해지지 않으나 인간성 이해에 대한 맹자와의 논쟁이 위와 같이 《맹자》 속에 인용되고 있어 그의 사상을 약간이나마 엿볼 수 있다.

聖 성인 성
人 사람 인
不 아닐 불
仁 어질 인

# 성인불인
### 聖人不仁

성인은 인애(仁愛)를 모르는 불인(不仁)한 사람이라는 뜻. 백성들로 하여금 자연의 순리에 따르도록 맡기는 성인의 큰 뜻을 역설적으로 일컫는 말.

## 자연의 순리에 따르는 성인의 큰 뜻

천지불인 성인불인(天地不仁 聖人不仁)에서 나온 말이다. 천지불인은 세상사 모든 일을 자연의 흐름에 맡겨 두는 게 의도적인 관심이나 애정보다 더 좋은 결과를 내게 된다는 뜻이다. 성인불인은 성인의 어짊이 도리어 백성들을 못살게 굴거나 혼란에 빠뜨리는 경우가 허다하므로 일일이 간섭하지 않고 백성들의 천품에 맡겨두는 것을 말한다. 《노자도덕경(老子道德經)》

해설   노자는 춘추시대 사상가로 장자와 함께 도가와 도교의 시조로 알려져 있다. 노자의 생존을 공자보다 100년 후로 보는 설도 있고, 존재 자체를 부정하는 설도 있다.

# 시호삼전
## 市虎三傳

| | |
|---|---|
| 市 | 저자 시 |
| 虎 | 범 호 |
| 三 | 석 삼 |
| 傳 | 전할 전 |

거짓이라도 여러 사람이 거듭 말을 하면 결국 믿게 된다는 말.

## 시장에 호랑이는 없지만, 끝내 호랑이가 나타나다

위나라 혜왕이 조나라에 태자를 인질로 보내면서 수행원으로 장수 방총(龐蔥)을 선발했다. 장차 왕통을 이어받을 태자와 촉망받는 장수의 조합은 여러 신하들의 눈길을 받기에 충분했다. 이에 방총이 조나라로 떠나기 전에 왕에게 아뢰었다.

"누군가 임금께 시장에 호랑이가 나타났다고 하면 절대로 믿지 않을 것입니다. 또 다른 사람이 나타나 같은 말을 하더라도 믿지 않을 것입니다. 하지만 세 번째로 어떤 사람이 나타나 똑같은 말을 하면 믿을 수밖에 없을 것입니다. 시장에 분명히 호랑이는 없지만, 세 사람이 연이어 똑같이 말하면 호랑이가 나타난 것이 됩니다(市虎三傳)."

조나라로 떠난 후에 자신을 비방하는 자들이 한둘이 아닐 테니 그 말을 절대 귀 기울이지 말라는 당부였다. 혜왕은 걱정하지 말라고 답하며 방총을 안심시켰다. 그러나 태자 일행이 조나라로 떠나자마자 방총을 비방하는 소리가 높았고, 결국 몇 년 후에 태자는 돌아왔지만 방총은 이국의 하늘 아래를 떠돌다 죽고 말았다.

《한비자(韓非子)》

**동의어**  삼인성호(三人成虎), 증삼살인(曾參殺人)

身 몸 신
言 말씀 언
書 글 서
判 판단할 판

# 신언서판
身言書判

사람됨을 판단하는 네 가지 기준으로 외모, 언행, 문필, 판단력을 말함.

## 학문을 닦은 선비라면 당연히 갖춰야 할 조건

관리를 선발하는 네 가지 기본조건을 말한다. 진중한 용모(身), 품격 넘치는 언행(言), 정갈하고 품위 있는 글씨(書), 합리적인 판단력(判)이 그것으로 이 기준을 학문을 열심히 닦은 선비라면 당연히 갖춰야 할 조건으로 여겼다.

**해설**　신언서판은 당나라 때 임금이 기득권 세력을 견제하고 천하의 인재를 구하기 위해 과거제도를 채택하면서 정한 선발 기준의 하나이다. 용모와 언행을 먼저 살피고, 그 다음 글씨와 문제 해결 능력을 보는 과정 등이 《당서(唐書)》에 자세하게 소개되어 있다.

# 여세추이
### 如世推移

| | | |
|---|---|---|
| 與 | 더불 여 | |
| 世 | 세상 세 | |
| 推 | 밀 추 | |
| 移 | 옮길 이 | |

세상의 변화에 따라서 함께 변함.

## 세상과 추이를 같이 해야 살 수 있다

초나라 굴원(屈原)이 정쟁에 휘말려 대궐에서 쫓겨나고 말았다. 어느 날 남루한 차림으로 강가를 거닐고 있는데, 한 어부가 그를 알아보고 연유를 물었다.

굴원이 대답했다. "온 세상이 더러운데 나만 홀로 깨끗하고, 모든 사람이 취해 있는데 나만 홀로 깨어 있다가 쫓겨났다오."

이에 어부가 말했다. "군자는 모름지기 사물에 얽매이거나 막히지 않고 세상과 추이를 같이 해야 한다오(與世推移). 세상이 모두 혼탁하면 어찌 진흙을 휘저어 흙탕물을 일으키지 않고, 사람들이 모두 취해 있으면 왜 술지게미라도 배불리 먹지 않고 혼자서만 고상한 행동을 했소?" 시류에 맞춰 살아가지 않고 혼자만의 고집에 사로잡혀 살아온 굴원의 고집스런 삶을 꼬집는 말이다.

《어부사(漁父辭)》

해설 《어부사》는 초나라 시인 굴원이 정적들에 밀려 대궐에서 쫓겨난 뒤 방랑생활을 하며 남긴 작품 중에서도 최고로 치며, 오늘날에도 널리 읽히는 고대문학의 최고 자리에 있는 시집이다.

| | |
|---|---|
| 何 어찌 하<br>面 낯 면<br>目 눈 목<br>見 볼 견<br>之 이 지 | # 하면목견지<br>何面目見之 |

'어찌 볼 낯이 있으랴?'라는 뜻. 실패한 몸으로 고향에 돌아가 사람들을 볼 낯이 없다는 말.

## 패배가 부끄러웠던 항우의 마지막 선택

유방과 천하를 놓고 다퉈왔던 항우가 해하에서의 마지막 승부에서 패하자 부하들에게 말했다. "나는 군대를 일으켜 오늘에 이르기까지 단 한 번도 패한 일이 없다. 하늘이 나를 멸망시킨 것이지 내가 싸움에 약한 때문은 아니다."

항우가 여기서도 계속 밀려 오강까지 갔을 때, 배를 준비하고 기다리던 부하들이 말했다. "강동 땅이 좁다지만 땅이 사방 천 리나 되어 왕 노릇하기에 충분하니 어서 강을 건너십시오."

이에 항우가 답했다. "강동의 8천 장정들을 데리고 강을 건너 서쪽으로 갔는데, 지금은 한 사람도 남지 않았다. 설령 강동의 백성들이 왕으로 추대할지라도 무슨 면목으로 그들을 볼 수 있겠는가(何面目見之)" 항우는 이 말을 남기고 자결하고 말았다. 《사기(史記)》

# 타초경사
## 打草驚蛇

打 칠 타
草 풀 초
驚 놀랄 경
蛇 긴 뱀 사

풀을 쳐서 뱀을 놀라게 한다는 말. 어떤 것을 징계하여 더 큰 다른 것을 경계한다는 뜻.

## 풀 속에 뱀을 이기는 계책

풀 속에 뱀이 숨어 있다는 의심이 생기면 놀라는 척하며 풀을 두드림으로써 뱀이 스스로 모습을 드러내게 하듯이 적이 스스로 동태를 드러내게 하는 전략을 말한다.　　　　　《삼십육계 (三十六計)》

**동의어**　숙호충비(宿虎衝鼻)

**해설**　《삼십육계》는 5세기 이전의 중국 고사 가운데 병법과 관련된 내용을 모아 편찬한 것으로 《손자》, 《전국책》, 《삼국지연의》 등에 등장하는 용어가 두루 포함된 것으로 보아 여러 사람의 손을 거쳐 정리된 것으로 보인다. 전쟁에서 이기는 36개의 계책이 포함되어 있다. 마지막 계책은 '주위상(走爲上)'으로, 불리할 때는 도망치는 것이 최고의 방책이라는 뜻이다.

一 한 일
鳴 울 명
驚 놀랄 경
人 사람 인

# 일명경인
## 一鳴驚人

한 번 시작하면 사람들이 놀랄 정도로 큰일을 이룬다는 뜻.

## 한 번 울었다 하면 사람들을 놀라게 하는 새

제나라 위왕은 평소에 정치는 뒷전인 채 수수께끼를 좋아하는 등 부질없는 일에 몰두했는데, 어느 날 재상 순우곤(淳于髡)이 왕에게 말했다. "한 번 날았다 하면 하늘 높이 날아오르고, 한 번 울었다 하면 사람들을 놀라게 하는(一鳴驚人) 새는 무엇입니까?"

유능한 자질을 가진 위왕이 쓸데없는 일에 빠져 정치에 소홀하다는 비판이었다. 위왕은 이 말의 의도를 알아차리고 즉시 정치에 전념하여 태평성대를 이루었다. 《사기(史記)》

**해설** 순우곤은 중국 전국시대 제나라의 탁월한 정치인이자 외교관이었다. 달변에 해학이 섞인 말솜씨로 상대를 설득하는 데 일가견이 있는 인물이었다. 순우곤처럼 남을 웃기는 말이나 행동을 잘하는 사람을 골계가(滑稽家)라 부른다.

# 창승부기 미치천리
## 蒼蠅附驥 尾致千里

蒼 푸를 창
蠅 파리 승
附 붙을 부
驥 천리마 기
尾 꼬리 미
致 이를 치
千 일천 천
里 리 리

쉬파리 혼자서는 먼 길을 갈 수 없지만 천리마 꼬리에 붙으면 천릿길도 갈 수 있다는 말.

### 아무리 비루한 사람도 주인을 잘 만나면

쉬파리 같은 미물은 절대 먼 길을 갈 수 없다. 그저 자기의 좁은 굴레 안에서 떠돌다 죽을 뿐이다. 그러나 천리마의 꼬리에 붙어 있으면 순식간에 천릿길도 달려갈 수 있다. 그렇듯이 아무리 비루한 사람이라도 똑똑한 사람에게 빌붙어 살다 보면 공명을 이루는 날이 온다.

**해설** 위나라가 멸망하자, 조조의 지략가로 유명한 사마의(司馬懿)의 손자 사마염(司馬炎)이 진(晉)나라를 세웠다. 그러나 진나라는 쉽게 대륙을 장악하지 못하고 나라가 계속 혼란스러웠다. 이때 재빨리 왕위를 찬탈한 사마륜(司馬倫)은 친척과 친구, 노비, 시종들에게까지 관직을 마구 나눠주어 어제까지 미천한 신분에 있던 자가 높은 관직에 오르는 등 호사를 누리게 했다. 쇠파리가 천리마의 꼬리에 붙어 천리를 달려가는 꼴이었다. 당연히 사마륜은 얼마 못가 망하고 말았다.

遼 멀 요
東 동녘 동
豕 돼지 시

# 요동시
遼東豕

견문이 좁은 사람이 별 것 아닌 일에 신기해하며 마구 떠들어대는 모습을 일컫는 말.

## 요동의 흰 돼지처럼 흔한 일인데

후한 광무제 때, 어양 지방의 태수 팽총(彭寵)이 자신은 광무제의 등극에 큰 공이 있다고 자부하면서 한껏 교만을 떨었다. 대장군 주부(朱浮)가 이를 알고 광무제에게 보고하자, 궁지에 몰린 팽총이 주부를 치려고 군사를 일으켰다. 이에 주부가 팽총에게 이런 글을 보냈다.

"옛날 요동 땅에 머리가 흰 돼지새끼가 태어났다. 이를 특이하다고 여겨 왕에게 바치려고 강동에 가보니, 그곳의 돼지들이 하나같이 머리가 희어서 부끄러워하며 돌아갔다. 만일 그대의 공을 조정에서 논하게 되면 요동의 돼지처럼 흔한 일이 될 것이다."

주부의 충고에도 팽총은 끝내 반란을 일으켰다가 처참하게 토벌을 당했다. 《후한서(後漢書)》

# 제6장

# 용勇,

## 거리낌이 없다면
## 무엇을 두려워하랴

# 가정맹호
## 苛政猛虎

苛 가혹할 가
政 정사 정
猛 사나울 맹
虎 범 호

가혹한 세금에 시달리는 백성의 모습을 통해 학정의 폐해를 고발하는 말.

## 가혹한 세금은 호랑이보다 무섭다

공자가 제자들과 함께 태산 기슭을 지날 때였다. 한 여인이 세 개의 무덤 앞에서 구슬피 울고 있어 공자가 제자들에게 까닭을 물어보라고 했다. 여인의 대답은 이러했다.

"오래 전 시아버지와 남편이 호랑이에게 죽임을 당했는데 이번엔 아들이 또 당했답니다." 그런데도 왜 이 마을을 떠나지 않느냐고 묻자, 여인이 대답했다. "이곳은 세금을 혹독하게 징수하거나 부역을 강요하는 일이 없답니다." 공자가 제자들에게 말했다. "가혹한 정치는 호랑이보다 더 무서운 것이다(苛政猛於虎)."  《예기(禮記)》

**동의어**  가렴주구(苛斂誅求)

**해설**  《예기》는 고대 중국의 예에 관한 기록과 해설을 정리한 유교경전이다. 예법의 이론과 실제를 풀이한 책으로 공자와 그 후학들이 지은 책이다.

滄 큰 바다 창
海 바다 해
一 한 일
粟 조 속

# 창해일속
## 滄海一粟

넓은 바다에 떠 있는 좁쌀 한 알. 몹시 작거나 보잘것없는 존재를 일컫는 말.

## 푸른 바다에 떠 있는 한 톨의 좁쌀

북송의 시인 소동파가 벗들과 함께 적벽이란 곳을 유람하다가 그곳이 먼 옛날에 조조와 주유가 천하를 놓고 승부를 펼쳤던 적벽대전의 현장임을 떠올리며, 세월의 무상함과 인생의 허망함을 한탄하며 이렇게 중얼거렸다.

"우리네 인생은 천지간에 하루살이처럼 짧고, 우리의 몸은 푸른 바다에 떠 있는 한 톨의 좁쌀(滄海一粟)과도 같구나."

〈적벽부(赤壁賦)〉

**동의어** 구우일모(九牛一毛), 조족지혈(鳥足之血)

**해설** '적벽대전'은 중국 삼국시대에 대륙 통일을 목표로 세력을 계속 팽창하던 조조에 맞서 오나라 손권과 촉나라 유비가 연합해서 양자강 적벽에서 벌인 큰 전투이다. 이 전쟁에서 조조는 제갈량의 지략에 말려 완패하고 말았다.

# 천장지구
## 天長地久

天 하늘 천
長 길 장
地 땅 지
久 오랠 구

하늘과 땅이 오래도록 변치 않음. 사물이 오래오래 계속된다는 뜻.

### 길이길이 이어져 변할 날이 없을 것이다

"천지는 영원하다고 하지만 다할 때가 있다. 하지만 이들의 사랑의 한스러움은 길이길이 이어져 다할 날이 없으리라(天長地久有時盡 此恨綿綿無絶期)." 당나라 현종과 양귀비의 비극적인 사랑을 노래한 시로 중국 문학사에 길이 남는 명작으로 손꼽힌다.

백거이(白居易)의 〈장한가(長恨歌)〉

해설  '천장지구'는 하늘만큼 길고 땅만큼 오래된다는 뜻으로, 남녀 사이의 사랑이 영원히 변치 않는 것을 비유하여 자주 쓰는 말이다.

簡 대쪽 간
髮 터럭 발
而 말 이을 이
櫛 빗질할 즐

# 간발이즐
## 簡髮而櫛

머리를 한 가닥씩 빗질함. 굉장히 좀스러운 사람을 일컫는 말.

## 좀스럽고 하찮은 사람들

노자의 제자인 경상자(庚桑子)가 제자들과 대화를 나누었다. "너희들이 말한 요(堯)와 순(舜)을 어찌 칭찬할 만하다고 하겠는가! 그들은 머리칼을 한 올씩 빗거나 쌀알을 세어서 밥을 짓는(簡髮而櫛 數米而炊) 식으로 깐깐하고 까다로운 짓을 해왔다. 과연 그런 짓으로 세상을 얼마나 도왔단 말인가? 그러한 짓은 세상 사람을 행복하게 할 수 없다. 다만 백성을 자기 이익만을 위해 힘쓰게 만들고 자식이 아버지를 죽이고 신하가 임금을 죽이게 되며, 대낮에 도둑질을 하거나 남의 집 담장을 넘어 들어가는 일이 생기게 된다."

《장자(莊子)》

해설  《장자》는 총 33편으로 내편 7편, 외편 15편, 잡편 11편이다. 방대한 분량의 우화집으로 기발한 비유와 직설적 표현을 통해 무위자연(無爲自然)의 노장사상을 설파하고 있다.

# 갈택이어
## 竭澤而漁

竭 다할 갈
澤 못 택
而 말 이을 이
漁 고기 잡을 어

연못의 물을 다 퍼내고 물고기를 잡으려 함. 일시적인 욕심 때문에 장래를 생각하지 않고 눈앞의 것을 망친다는 뜻.

## 임시방편으로 위기를 모면하려는 태도

진(晉)나라의 문공이 초나라와 전쟁을 벌일 때였다. 진나라 군대가 초나라에 계속 밀리자, 한 신하가 속임수를 써서라도 적을 피해야 한다고 간했다.

이에 이옹(李雍)이 말했다. "연못의 물을 모두 퍼내어 물고기를 잡으면(竭澤而漁) 잡지 못할 리야 없겠지만 나중에 잡을 물고기가 없게 됩니다. 임시방편으로 위기를 모면하는 것은 영원한 해결책이 될 수 없습니다."

《여씨춘추(呂氏春秋)》

해설 《여씨춘추》는 중국 진나라 재상 여불위(呂不韋)가 선진시대의 여러 학설과 사실, 설화를 모아 편찬한 일종의 백과사전이다. 천문지리, 음악, 농학, 의술 등에 대한 다양한 관심들이 반영된 통치 지침서로 사용되었다.

一 한 일
日 날 일
難 어려울 난
再 두 재
晨 새벽 신

# 일일난재신
一日難再晨

하루에 새벽은 두 번 오지 않는다. 시간은 한 번 지나면 두 번 다시 돌아오지 않는다는 뜻.

---

## 세월은 사람을 기다려 주지 않는다

한창 때는 다시 돌아오지 않고 하루의 새벽은 돌아오기 어려우니 때를 맞추어 힘써야 함은 세월이 사람을 기다려 주지 않기 때문이다(盛年不重來 一日難再晨 及時當勉勵 歲月不待人).

**해설** 동진의 천재시인 도연명(陶淵明)의 잡시(雜詩)에 등장하는 유명한 문장의 일부이다. 특히 '세월은 사람을 기다려주지 않는다(歲月不待人)'는 말은 오늘날까지 널리 입에 오르내리는 명언이다.

# 장협귀래호
## 長鋏歸來乎

長 길 장
鋏 집게 협
歸 돌아갈 귀
來 올 래
乎 어조사 호

'긴 칼아, 원래 있던 곳으로 다시 돌아가자!'라는 뜻으로, 출중한 능력을 지니고 있으면서도 그것을 알아주는 사람을 만나지 못할 때 그 서운한 감정을 담은 말이다.

## 만족을 모르는 인간의 욕망

제나라의 재상 맹상군의 집에는 항상 삼천여 명에 달하는 식객이 드나들 정도로 붐볐는데, 워낙 사람들이 많다 보니 손님의 등급에 따라 달리 대접했다.

어느 날 풍환(馮驩)이라는 식객이 최하급의 대접을 받자 장검을 두드리며 밥상에 생선이 없다고 노래해서(長鋏歸來乎) 좀 더 나은 대접을 받았으나 그 다음에는 외출할 때 수레가 없다고 불평했다는 고사에서 유래된 말이다. 이후 풍환은 맹상군의 눈에 띄어 책사로 크게 활약하게 된다. 《사기(史記)》

**동의어** 계학지욕(谿壑之慾), 득롱망촉(得隴望蜀)

壟 언덕 롱(농)
斷 끊을 단

# 농단
## 壟斷

우뚝 속은 언덕. 가장 유리한 자리를 점유하여 이익과 권력을 독차지한다는 뜻. 어떤 일이나 대상을 자신의 이익을 위해 간교한 수단으로 좌지우지한다는 말로도 쓰임.

## 남을 밀어젖히고 부귀를 독차지하다

맹자가 제나라에 있을 때, 선왕이 맹자의 정치철학과 이상을 받아주지 않고 오히려 배척하자 맹자는 이제 그만 고향으로 돌아갈 결심을 했다. 그러자 돌연 선왕이 후한 대접을 하겠다며 붙잡았다. 이에 맹자는 선왕의 제안을 승낙하는 것은 남을 밀어젖히고 부귀를 독차지하는(私壟斷焉) 일이라며 거절하고 원래대로 귀향을 강행했다. 《맹자(孟子)》

해설  농단은 원래 높이 솟은 언덕을 말하는데, '국정 농단'처럼 권력자도 아닌데 가장 좋은 자리를 차지하여 이익이나 권력을 독점하는 것을 가리키는 말로도 쓰인다.

# 낙정하석
## 落穽下石

落 떨어질 락(낙)
穽 함정 정
下 떨어질 하
石 돌 석

---

우물에 빠진 사람에게 돌을 던지다. 함정에 빠진 사람에게 돌을 떨어뜨린다는 뜻으로, 어려운 처지에 놓인 사람을 도와주기는커녕 도리어 괴롭힌다는 말.

---

## 짐승이나 오랑캐조차도 차마 하지 못하는 일

그러나 일단 머리털만큼 아주 작은 이해관계라도 생기면 마치 모르는 사람처럼 외면하고, 또 누군가 함정에 빠지면 손을 뻗어 구하지는 않고 도리어 밀어 넣고 또 그 속에 돌까지 던져 넣는 사람이 대부분이다(落穽下石). 이런 행동은 짐승이나 오랑캐조차도 차마 하지 못할 일이다.  〈한유(韓愈)가 쓴 유종원(柳宗元)의 묘비명〉

**해설** 당나라 때, 당송팔대가의 한 사람인 유종원은 부패한 관료사회를 개혁하기 위해 애를 쓰다가 간신들의 모함 탓에 변방으로 좌천되었다가 끝내 돌아오지 못하고 그곳에서 죽었다. 유종원과 함께 당송팔대가로 이름 높던 한유는 절친한 벗의 죽음을 안타까워하며 그를 위해 이러한 묘비명을 바쳤다.

氷 얼음 빙
炭 숯 탄
不 아닐 불
相 서로 상
容 용납할 용

# 빙탄불상용
## 氷炭不相容

얼음과 불은 반대의 성질을 갖고 있어 만나면 서로 없어진다는 말. 군자와 소인은 서로 화합하지 못한다는 뜻.

### 얼음과 숯처럼 함께 할 수 없는 사이

초나라 회왕 때의 충신 굴원이 간신들의 모함을 받아 귀양을 떠날 때, 나라를 진정으로 사랑하는 자신과 간신배는 얼음과 숯처럼 함께 할 수 없는 운명임을 한탄하며 읊은 시에서 나온 말이다(氷炭不可 以相並兮).

《초사(楚辭)》

**동의어**  견원지간(犬猿之間), 빙탄지간(氷炭之間), 빙탄불상병(氷炭不想竝)

# 광풍제월
## 光風霽月

光 빛 광
風 바람 풍
霽 비 갤 제
月 달 월

비가 개인 뒤의 시원한 바람과 달이라는 뜻. 마음이 넓고 쾌활하여 아무 거리낌 없는 인품을 가진 사람을 일컫는 말.

## 마음이 넓고 쾌활하여 아무 거리낌 없다

북송의 시인 황정견(黃庭堅)이 유학자 주돈이(周敦頤)를 존경하여 쓴 글에 나오는 말이다. "그의 인품은 심히 고명하며, 마음결이 시원하고 깨끗함이 마치 맑은 날의 바람과 비갠 날의 달과 같다(光風霽月)." 주돈이의 마음이 넓고 쾌활하여 아무 거리낌 없다는 뜻으로, 그를 존경하는 마음이 담겨 있다.　　　　《송서(宋書)》

해설　주돈이는 《태극도설(太極圖說)》과 《통서(通書)》를 저술한 학자로, 성리학 발전에 큰 발자취를 남겼다. 주희(朱熹)와 함께 공자의 유학을 한층 발전시켜 동양사회의 사상 철학계에 커다란 발자취를 남긴 인물이다.

| | |
|---|---|
| 駿 준마 준 | |
| 馬 말 마 | |
| 每 매양 매 | **준마매태치한주** |
| 駄 실을 태 | 駿馬每駄痴漢走 |
| 痴 어리석을 치 | |
| 漢 사내 한 | |
| 走 달릴 주 | |

뛰어난 말(駿馬)일수록 어리석은 자를 태우고 다닌다는 뜻. 불공평한 세상을 한탄하며 하는 말.

**볼품없는 사내일수록 아름다운 여인을 만난다**

'어리석은 사람일수록 명마를 타고 다니고, 볼품없는 사내일수록 아름다운 여인을 아내로 삼는다'는 중국 속담에서 유래한 말이다. 또한 이 말은 명나라 때 시인 당인(唐寅)의 작품 중에 세상만사가 모두 불공평하게 돌아가는 것을 한탄한 시에도 등장한다.

# 시우지화
## 時雨之化

時 때 시
雨 비 우
之 어조사 지
化 될 화

때 맞춰 내리는 비와 같은 교화(敎化)라는 말. 때 맞춰 내리는 비로 초목이 잘 자라나는 것처럼 적절한 교육으로 사람들을 교화시킨다는 뜻.

### 때맞춰 비가 오듯이 가르친다

군자가 사람을 가르치는 방법에는 다섯 가지가 있으니 때맞춰 비가 내리듯이 가르치는 것이 있고(時雨之化), 덕을 이루도록 가르치는 것이 있으며, 재능을 발현시키도록 가르치는 것이 있고, 문답을 통해 가르치는 것이 있으며, 그 문하에 있지 않더라도 사숙하여 가르치는 것이 있다.

《맹자(孟子)》

揠 뽑을 알
苗 모 묘
助 도울 조
長 길 장

# 알묘조장
揠苗助長

성급하게 이익을 얻으려다 오히려 해를 입는 것을 일컫는 말.

## 성급히 이루려고 기대해서는 안 된다

송나라의 한 농부가 모내기를 한 뒤에 남의 논에 비해 자기 논의 벼가 잘 자라나지 않는 것 같아 대궁을 하나하나 뽑아 올려 길게 만들었다(揠苗助長). 그러자 단 몇 시간 내에 벼가 마음에 들게 쑥 자라서 흡족했다. 그러나 이튿날 아침에 가보니, 뿌리가 뽑힌 벼는 모조리 말라 죽고 말았다. 학문을 닦는 일도 이와 같아서 성급히 이루려고 기대해서는 안 된다는 뜻이다.　　　　《맹자(孟子)》

# 거이기양이체
## 居移氣養移體

| | |
|---|---|
| 居 | 살 거 |
| 移 | 옮길 이 |
| 氣 | 기운 기 |
| 養 | 기를 양 |
| 體 | 몸 체 |

사람은 처한 상황에 따라 기상이 달라지고, 먹고 입는 것에 의해 몸이 달라진 다는 뜻. 지위와 경우에 따라 기분에 차이가 있음을 일컫는 말.

### 왕자가 남보다 달라 보이는 이유

거처는 몸의 기운을 변하게 하고, 먹고 입는 것은 몸을 달라지게 한다(居移氣養移體). 왕자가 살고 있는 집이나 평범한 사람이 타고 다니는 수레와 말은 대체로 다를 것이 없는데도 왕자가 저같이 달리 보이는 것은 그가 처해 있는 위치가 그렇게 만든 것이다.

《맹자(孟子)》

해설 공자의 사상 철학을 계승 발전시키려 했던 맹자는 사상가이기 이전에 정치가였다. 맹자가 생애의 대부분을 제후들을 찾아다닌 것은 단순히 유학적 이념을 전파하기 위한 게 아니라 제후에게 등용되어 자신의 유학적 이념을 실체 정치 현실에 적용하기 위한 것이었다.

| | |
|---|---|
| 蚌 방합 방 | |
| 鷸 도요새 휼 | # 방휼지세 |
| 之 어조사 지 | 蚌鷸之勢 |
| 勢 형세 세 | |

서로 이익을 얻으려고 양보하지 않고 버티다 제삼자에게 이익이 넘어가게 되는 형국을 일컫는 말.

## 서로 싸우다 제삼자에게 이익을 넘기다

조나라가 연나라를 치려고 서두를 때, 연나라의 소대(蘇代)가 사신으로 와서 조나라 혜문왕을 설득했다. "제가 여기 올 때, 역수(易水)를 지나다 우연히 목격한 일이 있습니다. 큼지막한 조개가 입을 벌린 채 볕을 쬐고 있는데, 도요새가 날아와 조개를 쪼자 조개가 급히 입을 다물어 버렸습니다. 먹으려는 도요새와 먹히지 않으려는 조개가 한참 다투고 있는데, 마침 지나가던 어부가 힘들이지 않고 둘 다 잡아갔습니다. 그와 마찬가지로 연나라와 조나라가 싸워 국력을 소모하면 강대국 진나라가 어부가 되어 맛있는 국물을 마시게 될 것입니다." 혜문왕은 소대의 말을 알아듣고 당장 전쟁 계획을 중단했다. 《전국책(戰國策)》

**동의어** 견토지쟁(犬兎之爭), 어부지리(漁父之利), 전부지공(田夫之功)

# 백주지조
## 栢舟之操

栢 나무 이름 백
舟 배 주
之 어조사 지
操 지조 조

잣나무로 만든 배의 지조(志操). 과부가 죽을 때까지 절개를 지킨다는 말.

## 잣나무처럼 굳은 절개를 지키겠다는 의지

위나라 때 공강(共姜)이라는 여인이 일찍 남편을 여의고 혼자 살게 되었는데, 친정어머니가 자꾸 재가를 종용했다. 그러자 공강이 '백주(栢舟)'라는 말이 들어간 시를 지어 자신의 절개를 나타냈다.

백주는 잣나무로 만든 배로, 잣나무는 아주 단단해서 배를 만들 때 최고 재료로 친다. 잣나무처럼 굳은 절개를 지키겠다는 의지를 나타낸 것이다.　　　　　　　　　　　　　　　　《시경(詩經)》

居 살 거
必 반드시 필
擇 가릴 택
隣 이웃 린
交 사귈 교
友 벗 우

# 거필택린 교필택우

居必擇隣 交必擇友

주거지를 택할 때는 반드시 좋은 이웃을 골라 살도록 하고, 벗을 사귈 때는 반드시 귀인을 택해 사귀어야 한다는 말.

## 벗을 사귈 때는 반드시 귀인을 택해 사귀어라

먹을 가까이 하면 검어지고(近墨者黑) 주사를 가까이 하면 붉어지니(近朱者赤), 주거지를 택할 때는 반드시 좋은 이웃을 골라 함께 살도록 하고 벗을 사귈 때는 반드시 귀인을 택해 사귀어라(居必擇隣 交必擇友). 주사(朱砂)는 짙은 홍색의 광택이 나는 광물로 한방에서 약재로 쓰인다. 《명심보감(明心寶鑑)》

해설 《명심보감》은 고려 후기 문신 추적(秋適)이 중국 고전에 나오는 선현들의 금언과 명구를 모아 엮은 교재로, 고려시대 이후 아동학습서로 널리 읽혀 왔다. 오늘날에는 어른들의 심신 수련을 위한 필독서로도 많이 읽힌다.

# 복차지계
## 覆車之戒

| | |
|---|---|
| 覆 | 뒤집힐 복 |
| 車 | 수레 차 |
| 之 | 어조사 지 |
| 戒 | 경계 계 |

'전철을 밟지 말라'는 말과 같은 뜻. 앞 사람의 실패를 거울삼아 뒷사람은 조심하여 실패가 없도록 하라는 말.

### 앞서 가는 수레가 뒤집히는 것을 보고도

후한의 환제 때, 환관의 세력이 날로 강해져 횡포가 심해지자 신하들이 들고 일어나 그들을 엄히 다스려야 한다고 말했다. 이에 환관들이 도리어 자기들을 모함한다며 그들을 당장 처벌하라고 임금을 압박했다. 임금은 어쩔 수 없이 몇몇 신하들을 옥에 가두었는데, 이때 대부 두무(竇武)가 간언했다.

"만일 환관들의 전횡을 방치하면 예전 왕조들의 실패를 반복하는 것으로, 이는 앞서 가는 수레가 뒤집히는 것을 보고도 그대로 그 길을 가는 것이 됩니다." 임금은 당장 체포한 신하들을 풀어주고, 환관들이 더 이상 날뛰지 못하도록 단단히 단속했다. 《후한서(後漢書)》

동의어  은감불원(殷鑑不遠), 전거복철(前車覆轍), 전철(前轍)

| | |
|---|---|
| 負 질부 | |
| 重 무거울 중 | **부중치원** |
| 致 이를 치 | 負重致遠 |
| 遠 멀 원 | |

무거운 물건을 지고 먼 곳까지 감. 나라에 중요한 직책을 맡았다는 뜻.

### 소처럼 묵직한 인품을 가진 인물

오나라 명장 주유(周瑜)가 죽자 촉한에서 친구 방통이 조문을 왔다. 방통은 제갈량과 쌍벽을 이루는 유비의 책사로 유명했다. 이때 오나라의 이름난 선비들이 찾아와 방통과 인사를 나눴는데, 나중에 방통이 그때 만난 육적(陸績)과 고소(顧邵)에 대해 이렇게 평했다.

"육적은 준마처럼 재능이 뛰어나고, 고소는 소처럼 무거운 짐을 지고 멀리 갈 수 있는(負重致遠) 인물이다."

사람들이 이 말을 제대로 이해하지 못하자 방통이 말했다.

"준마는 빨리 달릴 수는 있으나 단지 한 사람만 태울 뿐이다. 하지만 소가 지는 짐이 한 사람의 무게만 하겠는가?"

뛰어난 재주를 가진 육적보다 묵직한 인품의 고소가 나라를 위해 더 귀하게 쓰일 재목이라는 뜻이다.　　　　　《삼국지(三國志)》

# 귤화위지
## 橘化爲枳

橘 귤 귤
化 될 화
爲 될 위
枳 탱자 지

강남의 귤을 강북에 심으면 탱자가 된다는 말. 사람은 환경에 따라 기질이 변한다는 뜻.

## 풍토와 인심에서 차이가 나기에

초나라 영왕이 제나라의 재상 안영(晏嬰)을 초청했을 때, 일부러 제나라 출신 죄인들을 불러다놓고 제나라 사람들은 원래 도둑질을 잘한다고 비웃었다. 그러자 안영이 이렇게 대답했다. "귤이 남쪽에서 나면 귤이 되지만, 북쪽에서 나면 탱자가 되는 법입니다(橘生淮南則爲橘 生于淮北爲枳)."

제나라에서 살아온 자는 도둑질을 하지 않지만 같은 사람이라도 초나라로 넘어오면 초나라의 풍토가 백성들로 하여금 도둑질을 하게 만든다는 뜻으로, 그만큼 초나라가 제나라보다 풍토와 인심에서 차이가 난다는 사실을 우회적으로 비판한 것이다.

《안자춘추(晏子春秋)》

해설 안영은 안자(晏子)로 존칭되는 인물로, 고대 중국 최고의 정치인이자 학자로 손꼽힌다. 공자와 같은 시기 사람으로, 춘추전국시대 혼란기에 뛰어난 언변과 지혜로 난국을 헤쳐 나가 공자도 존경했다고 한다.

先 먼저 선
始 비롯할 시
於 어조사 어
隗 험할 외

# 선시어외
先 始 於 隗

큰일을 도모하려면 가까이 있는 사람부터 시작해야 한다는 뜻.

## 지혜롭고 훌륭한 인재를 구하려 한다면

연나라 소왕이 제위에 올랐을 때는 제나라에 많은 영토를 빼앗겨 국력이 약해진데다 내분까지 겹쳐 나라가 무척 혼란스러웠다. 소왕이 늙은 대신 곽외(郭隗)를 불러 인재를 등용하여 국력을 키울 방책을 묻자, 그가 말했다. "임금께서 진정으로 지혜롭고 훌륭한 인재를 구하려 한다면, 우선 저부터(先始於隗) 기용하십시오."

소왕은 즉시 곽외를 재상으로 중용하고, 예를 다해 대우했다. 소왕이 늙은 신하까지 등용한다는 소식이 전해지자 천하의 인재들이 모여들었고, 마침내 이들의 힘을 통해 모든 혼란을 잠재우고 제나라에 빼앗긴 영토도 회복할 수 있었다.  《전국책(戰國策)》

# 수불석권
## 手不釋券

手 손 수
不 아닐 불
釋 놓을 석
卷 책 권

---

손에서 책을 놓지 않음. 항상 책을 가까이하며 열심히 학문을 닦는다는 뜻.

---

## 아무리 바빠도 손에서 책을 놓지 않는다

오나라 장수 여몽(呂蒙)은 전쟁터에서는 상대가 없을 정도로 용맹한 장수였지만, 본래 불학무식한 사람이었다. 오나라 왕 손권(孫權)이 그에게 책을 읽으라고 권하며 이렇게 말했다. "후한의 광무제는 아무리 바빠도 손에서 책을 놓지 않았고(手不釋卷), 위나라의 조조는 늙어서도 배우기를 좋아했다."

이때부터 여몽은 학문에 정진하여 제법 유식해졌다. 얼마 뒤 친구 노숙(魯肅)이 여몽과 대화를 나누다가 몰라보게 박식해진 그를 보고 깜짝 놀랐다. 노숙이 연유를 묻자, 여몽이 당당히 대답했다. "선비가 만나서 헤어졌다가 사흘이 지난 뒤에 다시 만날 때는 눈을 비비고 다시 볼 정도로 달라져야만 한다(刮目相對)." 《삼국지(三國志)》

| | |
|---|---|
| 河 물 이름 하 | **하청난사** |
| 淸 맑을 청 | 河淸難俟 |
| 難 어려울 난 | |
| 俟 기다릴 사 | |

항상 탁한 황하의 물이 맑아질 때를 기다린다는 뜻. 아무리 시간이 많이 지나도 결코 가능하지 않은 일을 일컫는 말.

## 아무리 기다려도 소용이 없다

강대국 초나라가 약소국 정나라를 쳐들어가자, 정나라 조정에서는 무조건 항복하자는 측과 진나라에서 구원병이 올 때까지 저항하자는 측이 팽팽히 맞섰다. 이때 항복을 주장하는 측의 신하가 말했다.

"하수(河水)가 맑아지기를 기다리고 있으면 사람은 늙어 죽고 만다." 어느 세월에 진나라 구원병이 오기를 기다리겠느냐는 말로, 아무리 기다려도 소용이 없다는 뜻이다. 황하는 항상 물이 누렇고 탁해서 백 년에 한 번 물이 맑아질 때가 있거나 한다는 말에서 생겨난 말이다.

《춘추좌씨전(春秋左氏傳)》

**동의어** 백년하청(百年河淸), 부지하세월(不知何歲月)

# 학이불염
## 學而不厭

學 배울 학
而 말 이을 이
不 아닐 불
厭 싫을 염

배우는 것에 싫증을 느끼지 않고, 가르치는 일에도 게으르지 않음.

## 가르치고 배우는 일에 게으름을 피우지 않는다

공자께서 말씀하셨다. "묵묵히 마음속에 새겨두고 배움에 싫증을 내지 않으며, 남을 가르치기를 게을리하지 않는 것(學而不厭 誨人不倦), 이 셋 중에 어느 하나인들 내가 제대로 하는 것이 있겠느냐?"

《논어(論語)》

해설   《논어》〈술이편(述而篇)〉에 나오는 문장이다. 어느 날 배움에 싫증을 느낀 자공이 조금 쉬고 싶다고 말하자 공자가 이렇게 타일렀다. "군주를 섬기는 일, 부모를 모시는 일, 친구와 함께하는 일, 농사를 짓는 일도 네가 생각하는 것처럼 쉬고 싶다고 쉴 수 있는 일들이 아니다. 그런 일들은 죽어야 비로소 쉴 수 있는 것이다."

寓 부칠 우
目 눈 목
囊 주머니 낭
箱 상자 상

# 우목낭상
## 寓目囊箱

한 번 글을 읽으면 주머니나 상자에 넣어두는 것처럼 잊지 않음.

## 한 번 책을 읽으면 절대로 잊지 않는다

명나라 때 서예가인 왕총(王寵)은 독서를 몹시 즐겨 저잣거리에 있는 서점에 나가서 하루 종일 책을 읽곤 했는데, 한 번 책을 읽으면 절대로 잊지 않아 글을 주머니나 상자에 넣어두는 것과 같았다(寓目囊箱).

**해설**　역사상 최초로 종이를 발명한 사람은 후한 때의 환관 채륜(蔡倫)으로 나무껍질, 삼베 조각, 헌 헝겊, 낡은 그물 따위를 섞어 종이를 만들었다. 채륜의 발명품은 식물 섬유를 사용해서 만든 종이의 기원으로, 이때부터 종이에 글을 남기는 문화적 혁명을 이루어냈다.

# 지상병담
## 紙上兵談

紙 종이 지
上 윗 상
兵 병사 병
談 말씀 담

종위 위에서 펼쳐지는 전쟁 이야기. 실현성 없는 허황된 이론을 일컫는 말.

## 병법을 책으로만 공부한 젊은 장수의 최후

조나라의 명장 조사(趙奢)에게는 괄(括)이라는 아들이 있었는데, 매우 총명하여 어려서부터 병법에 통달했다. 하지만 조사가 임종할 때 아내에게 괄은 병서의 이론만 통달했을 뿐, 장수가 되면 나라가 변을 당할 수 있으니 절대 대장군으로 삼지 않도록 하라 말했다.

훗날 진나라가 조나라를 침략하면서 첩자들을 풀어 '진나라는 조나라의 염파(廉頗) 장군은 늙어서 두렵지 않지만 혈기왕성한 조괄은 대단히 두려워한다'는 유언비어를 퍼뜨렸다. 이에 조나라 왕이 당장 조괄을 대장군에 임명하려 하자 재상 인상여(藺相如)가 말했다. "조괄은 단지 병법서만 달달 외웠을 뿐 상황에 맞춰 응용할 줄 모릅니다(紙上兵談)." 그러나 왕은 끝내 조괄을 지휘관에 임명했고, 인상여가 우려한 대로 실전 경험이 없는 그는 병법의 이론대로만 작전을 펼치다가 적의 함정에 빠져 역사상 최악의 참패를 당했다.

《사기(史記)》

**동의어** 탁상공론(卓上空論)

牛 소 우
鼎 솥 정
烹 삶을 팽
鷄 닭 계

# 우정팽계
## 牛鼎烹鷄

소를 삶는 가마솥에 닭을 삶는다는 말. 큰 재목을 적재적소에 쓰지 않고 소소한 일을 맡긴다는 뜻.

## 큰 재목을 작은 일에 쓰는 어리석음

후한의 저명한 학자 채옹(蔡邕)이 대장군 하진(何進)에게 변양(邊讓)이라는 젊은이를 천거하면서 이렇게 말했다. "소를 삶는 솥에 닭을 삶아(牛鼎烹鷄) 국물을 많이 부으면 묽어져서 맛이 없고, 국물을 적게 부으면 익지 않아서 먹을 수 없습니다. 이는 큰 그릇을 용도에 맞지 않게 작은 일에 사용하는 것은 옳지 않다는 뜻으로, 모쪼록 장군께서는 변양을 잘 살펴 자신의 재능을 마음껏 펼칠 수 있게 기회를 주십시오."

《후한서(後漢書)》

**동의어** 대재소용(大材小用)

# 유편지술
## 兪扁之術

俞 대답할 유
扁 작을 편
之 어조사 지
術 재주 술

---

이름난 의사의 훌륭한 치료법을 일컫는 말.

---

## 명의의 탁월한 치료법

중국 상고시대의 유부(兪跗), 주나라의 편작(扁鵲), 한나라의 화타(華陀)는 천하제일의 명의로 추앙받는 인물들이다. 특히 편작은 원래 이름이 진월인(秦越人)으로 약초나 침을 통한 치료에 탁월한 능력이 있었고 맥박에 의한 진단에도 뛰어났다. 반면에 화타는 침술 치료에 의한 외과적 진료에 탁월한 명의였다. 유편지술(兪扁之術)은 유부와 편작의 의술이라는 뜻으로, 명의의 훌륭한 치료법을 일컫는 말이다.

해설   유부는 전설상의 인물로, 상고시대에 이미 사람의 배를 갈라 수술을 할 만큼 외과적 치료에 탁월한 인물이었다고 한다.

淮 물 이름 회
南 남녘 남
鷄 닭 계
犬 개 견

# 회남계견
## 淮南鷄犬

용이 승천하는데 닭과 개가 따라가듯이 다른 사람의 권세에 빌붙어 출세한다는 뜻.

### 권력자의 주변에 빌붙는 쇠파리들

용이 승천하는 소동이 벌어지면 닭과 개는 무슨 일인가 싶어 좇아간다. 그렇듯이 어떤 사람이 권세를 얻으면 주변에 있던 사람들이 쇠파리처럼 붙어서 권력의 맛을 보려고 한다.　　　　　　　《논형(論衡)》

**동의어**　계견승천(鷄犬昇天), 발택비승(拔宅飛升)

**해설**　중국 후한시대의 철학자 왕충(王充)이 지은 책으로 총 30권 85편으로 구성되어 있다. 논형이란 '평론의 저울'이라는 뜻으로, 왕충은 이 책을 통해 세상의 시비와 진위에 대한 표준을 가늠하고자 했다.

# 이민위천
## 以民爲天

| | |
|---|---|
| 以 | 써 이 |
| 民 | 백성 민 |
| 爲 | 삼을 위 |
| 天 | 하늘 천 |

백성을 하늘같이 여김. 백성을 정치의 근본으로 삼는다는 뜻.

## 임금은 백성의 먹을 것을 위해 최선을

임금은 백성을 근본으로 삼고(以民爲天), 백성은 먹을 것을 근본으로 여긴다. 따라서 임금은 백성의 먹을거리를 위해 최선을 다하는 것을 정치의 첫 번째 과제로 삼아야 한다. 《사기(史記)》

해설 　맹자는 '무항산 무항심(無恒産 無恒心)'이라 했다. "일정한 생업이 있어야 일정한 마음이 있다'는 말로, 한 마디로 경제적 안정이 되어야 나라와 임금에 대한 충심이 생긴다는 뜻이다. 관자는 '의식족이지예절(衣食足而知禮節)'이라 했다. 사람은 의식이 넉넉해야 예를 안다는 말. 생활이 풍부해야 예절이나 체면도 차릴 수 있다는 뜻이다.

| | |
|---|---|
| 一 한 일<br>年 해 년<br>之 어조사 지<br>計 꾀 계<br>莫 없을 막<br>如 같을 여<br>樹 심을 수<br>穀 곡식 곡 | # 일년지계 막여수곡<br>一年之計 莫如樹穀 |

일 년의 계획으로는 곡식을 심는 것이 제일이라는 뜻.

---

## 곡식을 심고, 나무를 심고, 인재를 키우는 일

일 년의 계획으로는 곡식을 심는 일만한 것이 없고(一年之計 莫如
樹穀), 십 년의 계획으로는 나무를 심는 일만한 것이 없으며(十年
之計 莫如樹木), 평생의 계획으로는 인재를 기르는 일만한 것이 없
다(終身之計 莫如樹人).                                   《관자(管子)》

해설   《관자》는 제나라 관중이 지은 제가백가 논문집으로 도덕과 철학을 바탕으로 한 경
       제, 정치, 법학, 외교, 행정, 군사교육 등 경세와 관련된 내용을 담고 있다. 원본은
       86편이나 현재는 76편이 전해진다. 유교나 도가의 고전에 비해 실용주의적 성격을
       강하게 지닌 경세서이다.

# 민고민지
## 民膏民脂

| | |
|---|---|
| 民 | 백성 민 |
| 膏 | 기름 고 |
| 民 | 백성 민 |
| 脂 | 기름 지 |

백성의 피와 땀. 백성들로부터 거두어들이는 세금이나 재물을 일컫는 말.

## 모든 것은 백성들의 피와 땀이다

예물로 받은 비단으로 옷을 지어입고 창고에 거두어둔 곡식으로 밥을 먹으니, 벼슬아치들이 받는 봉록은 모두 다 백성들의 피와 땀이다(民膏民脂).

《명심보감(明心寶鑑)》

**해설** 벼슬아치들의 봉록은 어느 것 하나 백성의 피와 땀으로부터 오지 않은 것이 없다. 문제는, 이런 사실을 망각하고 거저 얻은 것처럼 함부로 낭비하며 방탕하게 살아가는 벼슬아치들이 너무 많다는 것이다. 이러한 풍조를 개탄하면서 개선을 촉구하는 의미가 담긴 글이다.

| | |
|---|---|
| 治 다스릴 치 | |
| 大 큰 대 | |
| 國 나라 국 | **치대국약팽소선** |
| 若 같을 약 | 治大國若烹小鮮 |
| 烹 삶을 팽 | |
| 小 작을 소 | |
| 鮮 생선 선 | |

나라를 다스리는 일은 작은 생선을 삶는 것과 같다. 백성들의 삶을 시시콜콜 간섭하지 말고 무엇이든 가만히 지켜보는 게 제일 좋은 정치라는 뜻.

---

**정치를 번거롭게 하지 말고 자연에 맡겨라**

작은 생선을 삶는 데 젓가락이나 수저로 너무 휘저으면 생선이 뭉개지는 것처럼 나라를 다스리는 일에도 정사를 번거롭게 하지 말고 자연에 맡겨야 한다는 뜻이다.　　　　　　《노자도덕경(老子道德經)》

# 경위지사
## 傾危之士

傾 기울 경
危 위태할 위
之 어조사 지
士 선비 사

---

궤변을 늘어놓아 나라를 위태롭게 만드는 선비를 가리키는 말.

---

## 온갖 궤변으로 세상 사람을 현혹하는 책략가

춘추전국시대는 한 치 앞을 내다볼 수 없는 형세인지라 그때그때 형편에 따라 임기응변으로 살아남을 책략을 제시하는 인물들이 많았다. 대표적인 이들이 합종연횡책(合從連衡策)으로 유명한 소진(蘇秦)과 장의(張儀)였다.

소진은 강대국 진나라에 맞서기 위해 약소국들이 연합하는 합종책을 주장했고, 장의는 진나라와 약소국들이 동맹을 맺음으로써 살 길을 찾아야 한다는 연횡책을 주장했다. 후에 역사가 사마천은 《사기》를 쓰면서 소진과 장의를 비롯한 책략가들을 궤변을 통해 세상 사람을 현혹하고 나라마저 위태롭게 만든 인물들이라고 통렬히 비판했다(傾危之士).                    《사기(史記)》

風 바람 풍
林 수풀 림
火 불 화
山 뫼 산

# 풍림화산
## 風林火山

상황에 따라 군사를 적절히 운용해야 승리를 거둘 수 있다는 말.

### 병법 운용의 4가지 묘책

병법은 적을 속임으로써 그로 인한 이익에 따라 움직이고, 병력을 나누거나 합침으로써 변화를 꾀한다. 따라서 군사를 움직일 때는 질풍처럼 날쌔게 하고(風), 나아가지 않을 때는 숲처럼 고요하게 있고(林), 적을 치고 빼앗을 때는 불길이 번지듯 맹렬하게 하고(火), 적의 공격으로부터 지킬 때는 산처럼 묵직하게 움직이지 말아야 한다(山).

《손자병법(孫子兵法)》

**해설**　손자는 병법의 핵심은 적을 무찌르는 것이니 적을 속이는 일도 마다하지 말라고 거듭해서 말한다(兵不厭詐). 손자는 가장 어리석은 장수는 적군 앞에서 군자답게 예의를 지키거나 적의 사정을 봐주면서 배려를 하거나, 무조건 정면승부를 걸면서 잘난 척하는 행위라고 말한다.

# 회벽유죄
## 懷璧有罪

懷 품을 회
璧 구슬 벽
有 있을 유
罪 허물 죄

분수에 맞지 않는 물건을 지니고 있으면 훗날 재앙이 될 수 있다는 뜻.

---

## 만족을 모르는 형을 상대하는 법

우나라 임금 우공(虞公)의 아우 우숙(虞叔)이 천하제일의 옥구슬을 갖게 되었는데, 형이 달라고 하자 이렇게 말했다. "필부는 죄가 없어도 보물을 갖고 있으면 그게 곧 죄가 된다. 공연히 화를 부를 필요가 없다." 우숙은 순순히 보물을 바쳤다.

그런데 얼마 뒤에 형은 이번에는 우숙이 갖고 있는 보검을 달라고 하자 우숙이 말했다. "만족을 모르는 형은 언젠가 내 목까지 내놓으라고 할 것이다." 우숙은 반란을 일으켜 형을 내쳤다.

《춘추좌씨전(春秋左氏傳)》

堅 굳을 견
白 흰 백
同 한 가지 동
異 다를 이

# 견백동이
### 堅白同異

굳음과 흰색은 동시에 성립할 수 없다는 말, 논리적으로 말도 안 되는 궤변가들의 이야기를 말할 때 쓴다.

## 굳음과 흰색이 동시에 성립하지 않는다

눈으로 보면 흰색인 것은 알지만 속이 굳은지를 알 수 없고, 손으로 만져 보면 굳은 것은 알지만 속이 흰 것인지는 알 수 없으므로 굳음과 흰색이 동시에 성립하는 견백석(堅白石)이란 말은 존재할 수 없다.

《순자(荀子)》

해설  조나라 사상가 공손룡(公孫龍)의 말이다. '백마는 말이 아니다(白馬非馬論)'처럼 계몽적 궤변을 남긴 명가(名家)의 철학자로 유명하다.

# 지금 나에게 힘이 되는 말
## ① 도전 편

**초판 1쇄 인쇄일**  2022년 09월 13일
**초판 1쇄 발행일**  2022년 09월 20일
**지은이**  동양고전 슬기바다 연구팀
**발행인**  이지연
**주간**  이미숙
**책임편집**  김진아
**책임디자인**  김은주
**책임마케팅**  이운섭
**경영지원**  이지연
**발행처**  ㈜홍익출판미디어그룹
**출판등록번호**  제 2020-000332 호
**출판등록**  2020년 12월 07일
**주소**  서울시 마포구 독막로18길 12, 2층(상수동)
**대표전화**  02-323-0421
**팩스**  02-337-0569
**메일**  editor@hongikbooks.com

**ISBN**  979-11-9142-000-0 (03150)
979-11-9142-000-0 (세트)